Menschenrechtliche Aspekte von StaatsbürgerInnenschaft
am Beispiel der „Ausgelöschten" in der Republik Slowenien

POLITIK UND DEMOKRATIE

Herausgegeben von Helmut Kramer und Eva Kreisky

Band 21

PETER LANG
Frankfurt am Main · Berlin · Bern · Bruxelles · New York · Oxford · Wien

Angelika Zimmermann

Menschenrechtliche Aspekte von StaatsbürgerInnenschaft am Beispiel der „Ausgelöschten" in der Republik Slowenien

PETER LANG
Internationaler Verlag der Wissenschaften

Bibliografische Information der Deutschen Nationalbibliothek
Die Deutsche Nationalbibliothek verzeichnet diese Publikation
in der Deutschen Nationalbibliografie; detaillierte bibliografische
Daten sind im Internet über http://dnb.d-nb.de abrufbar.

Umschlaggestaltung:
© Olaf Gloeckler, Atelier Platen, Friedberg

Gedruckt mit Förderung des Bundesministeriums
für Wissenschaft und Forschung in Wien.

Logo auf dem Buchumschlag:
Abdruck mit freundlicher Genehmigung
der Universität Wien.

Gedruckt auf alterungsbeständigem,
säurefreiem Papier.

ISSN 1613-706X
ISBN 978-3-631-60274-4
© Peter Lang GmbH
Internationaler Verlag der Wissenschaften
Frankfurt am Main 2011
Alle Rechte vorbehalten.

Das Werk einschließlich aller seiner Teile ist urheberrechtlich
geschützt. Jede Verwertung außerhalb der engen Grenzen des
Urheberrechtsgesetzes ist ohne Zustimmung des Verlages
unzulässig und strafbar. Das gilt insbesondere für
Vervielfältigungen, Übersetzungen, Mikroverfilmungen und die
Einspeicherung und Verarbeitung in elektronischen Systemen.

www.peterlang.de

Vorwort

„Auch wenn wir nicht wissen, was wir machen sollen, besteht unsere wichtigste Aufgabe heute darin, Freiräume zu bewahren." (Slavoj Žižek, Was ist Europa?)

Mit dem Zusammenbruch des Kommunismus und dem Zerfall der Sowjetunion und Jugoslawiens haben sich im europäischen Raum enorme Umbrüche innerhalb der Staatengebilde ergeben: Die Tschechoslowakei teilte sich in zwei Staaten, die drei baltischen Länder Lettland, Litauen und Estland wurden souverän und Ex-Jugoslawien zerfiel in sieben unabhängige Staaten. Damit stellte sich bei Tausenden von Personen die Frage nach der Staatsangehörigkeit und der damit verbundenen fundamentalen politischen und sozialen Rechte in dem Land, in dem sie teilweise über Jahrzehnte ihre Existenzen aufgebaut hatten. Dramatisch war dies für viele Russen und Russinnen in den baltischen Staaten, die unvermittelt um eine neue Staatsbürgerschaft ansuchen mussten oder auch in Slowenien, wo Menschen aus anderen ex-jugoslawischen Gebieten durch Chaos, Willkür und Bürokratie in eine Situation von de facto Staatenlosen gebracht und damit zu „Ausgelöschten" wurden.

Die Arbeit von Angelika Zimmermann, einer im Institut für Politikwissenschaft der Universität Wien approbierten Diplomarbeit, untersucht das Spannungsverhältnis und das Auseinanderfallen von Menschen- und BürgerInnenrechten am Schicksal der „Ausgelöschten" in Slowenien. Durch den Austritt Sloweniens aus dem jugoslawischen Staatenverband im Juni 1991 wurden mehr als 25.000 Menschen über Nacht der legale Aufenthalt aberkannt, weil sie entweder nicht in der vorgesehenen Frist von sechs Monaten um die Staatsbürgerschaft angesucht hatten oder ihr Antrag von den staatlichen Behörden abgelehnt wurde. In der Folge dauerte es bis 1999, als nach einer Entscheidung des slowenischen Verfassungsgerichtshofes zumindest einem Teil dieser „Ausgelöschten", die zumeist ihren Arbeitsplatz und damit ihre Existenzgrundlage verloren hatten, wieder ein legaler Aufenthaltstitel zuerkannt worden ist. Dass es schließlich zu einer – schrittweisen – Lösung des Problems der „Ausgelöschten" gekommen ist, wäre ohne eine engagierte Öffentlichkeit und vor allem ohne die politische Selbstorganisation der Betroffenen nicht erreichbar gewesen. Entscheidend war auch, dass es zu einer Internationalisierung der Debatte über die Grenzen Sloweniens hinaus gekommen ist, was ermöglichte, „dass auch politische AmtsträgerInnen den Akt der ‚Auslöschung' als dramatische Menschenrechtsverletzung des neuen Slowenien qualifizieren können und über die Verantwortung dafür diskutieren." (S.105)

Sehr interessant und relevant ist hier auch, dass die Autorin ihre Fallstudie über die „Ausgelöschten" in Slowenien auf einen kritischen Diskurs über neuere Theorien zu Rassismus und Fremdenfeindlichkeit stützt. Sie weist nach, dass das von Étienne Balibar und anderen entwickelte Konzept des „institutionellen Rassismus" im Vergleich mit sozialpsychologischen Ansätzen, in denen die verschiedenen Analyseebenen von Gesellschaften nicht genügend berücksichtigt werden, weit geeigneter ist, den Prozess der staatlichen und bürokratischen Diskriminierung der staatenlosen Menschen in Slowenien nachvollziehbar und verständlich zu machen. So sind die BeamtInnen des Staatsapparates in Slowenien nicht per se als rassistisch zu bezeichnen, ihre Praktiken der Diskriminierung und Entwürdigung von ausgeschlossenen Bevölkerungsgruppen (hier von Staatenlosen) gründet sich auf die kalte Macht von Bürokratie auf allen Ebenen des Staates, von der Gemeindeverwaltung bis zu den Staatsorganen und zu Polizei und Justiz.

Ein weiterer Vorzug der Untersuchung besteht darin, dass die Autorin ihre Fallstudie in einer sehr differenzierten Weise in den Kontext der durch den Zerfallprozess Ex-Jugoslawiens und der gleichzeitigen Intensivierung des politischen Integrationsprozesses der Europäischen Union neu entstandenen und neu verfassten politischen Räume einbettet. Sie zeigt auf, wie schwierig und wie strittig es war, die geltenden völkerrechtlichen Regelungen auf das Problem der Rechtsfolgen der Staatennachfolge in Ex-Jugoslawien (aber auch in den Nachfolgestaaten der Sowjetunion) anzuwenden. Dass die völkerrechtliche Praxis in Bezug auf die Auswirkungen der Staatensukzession keine eindeutigen Antworten lieferte und Staatszugehörigkeit nur de jure aber nicht de facto durch internationale Konventionen definiert ist, wurde am Schicksal der „Ausgelöschten" in Slowenien sichtbar. Dieses Auseinanderfallen von Menschen- und (Staats)BürgerInnenrechten, das Staatenlose zu „lebendigen Leichnamen" (Hannah Arendt) macht, zeigt die Notwendigkeit auf, die juristischen und politischen Konsequenzen, die sich aus der konkreten Ausgestaltung von Staatsbürgerschaftsrecht in neu entstehenden Staaten ergeben, in den Zusammenhang mit einer intensiven Debatte über eine – in der Theorie – durch Freiheit und Gleichheit definierte europäische BürgerInnenschaft zu diskutieren und neu zu regeln. Hier müssten die 27 EU-Staaten mit ihren 27 verschiedenen Staatsbürgerschaftsgesetzen, die sich zwischen Freizügigkeit und Restriktion bewegen, zu einer Vereinheitlichung kommen, die die Gewährung von menschenrechtlichen Standards in den Mittelpunkt stellt.

Eva Kreisky
Wien, Februar 2011

Inhalt

Vorwort 5
1 Einleitung 9
2 Theoretische Annäherungen und Zuspitzungen 15
    2.1 Forschungsperspektiven zwischen Optimismus, Pessimismus und Ratlosigkeit 17
        2.1.1 Transformationsforschung im Zeichen der Modernisierungstheorien 19
        2.1.2 Transformationsforschung nach der Überwindung des „Dilemmas der Gleichzeitigkeit" – oder: Die Suche nach konsolidierten Demokratien 22
        2.1.3 Das Ideal vom liberalen Verfassungsstaat 24
        2.1.4 Vom schwachen Staat und europäischen Interessen 25
    2.2 Bringt die Auseinandersetzung mit Rassismustheorien einen Erkenntnisgewinn? 27
        2.2.1 Xenophobie, Vorurteil oder Rassismus? 28
        2.2.2 Die Brauchbarkeit des Rassismusbegriffs 30
        2.2.3 Von der institutionellen Struktur des Rassismus 32
        2.2.4 Rassismus in Europa 35
3 Historisch-politische Koordinatenbestimmungen 37
    3.1 Das bröckelnde Zentrum 37
        3.1.1 Polyphone Zivilgesellschaften 40
        3.1.2 Mediale Auseinandersetzungen und der Auftritt der „Heroen" 44
        3.1.3 Der Aufbruch ins Ungewisse 47
    3.2 (Völker-)Rechtliche Perspektiven 50
        3.2.1 Die Desintegration Jugoslawiens und das Recht der Staatensukzession 51
        3.2.2 Die Staatensukzession und völkerrechtliche Anerkennung ... 52
        3.2.3 Die Staatennachfolge und das Riskio der Staatenlosigkeit 55
        3.2.4 Die Neuauflage der Frage: Status oder Recht? 61

3.3 StaatsbürgerInnenschaft als bevölkerungspolitisches Gestaltungsinstrument 63
    3.3.1 Staatsvolk – (anerkannte) Minderheiten – Fremde 67
    3.3.2 Die Ethnisierung und Transnationalisierung von BürgerInnenschaft 68
    3.3.3 Die Bedeutung der Grenzen 70

4 Die Geschichte eines Kampfes 73
  4.1 Der Verlust des legalen Aufenthaltsstatus 73
    4.1.1 Administratives Chaos oder planvolle Administration? 77
    4.1.2 Rechtsstaatliche Bedenken gegen die „Auslöschung" 81
    4.1.3 Legistische Sanierungsversuche 84
  4.2 Juristische Sachverhalte und soziale Realitäten 89
    4.2.1 Polarisierung 91
    4.2.2 Von der Isolation zur politischen Subjektivierung 94
    4.2.3 Mit Aktionismus gegen die „stille Diplomatie" 95
    4.2.4 Der Rechtsweg führt nach Straßburg, die Karawane der AktivistInnen bricht nach Brüssel auf 96
    4.2.5 Die rechtspolitische Wende und der Status quo 99

Zusammenfassung 102
Literaturverzeichnis 107
Abkürzungsverzeichnis 121

*„Der Paß ist der edelste Teil vom Menschen.
Er kommt auch nicht auf so einfache Weise zustand wie ein Mensch.
Ein Mensch kann überall zustandkommen,
auf die leichtsinnigste Art und ohne gescheiten Grund,
aber ein Paß niemals.
Dafür wird er auch anerkannt, wenn er gut ist,
während ein Mensch noch so gut sein kann und doch nicht anerkannt wird."*
Bert Brecht[1]

1 Einleitung

Das einleitende Zitat deutet in pointierter Weise auf das unaufgelöste Spannungsverhältnis zwischen Menschenrechten und den durch den Status der StaatsbürgerInnenschaft vermittelten BürgerInnenrechten hin. Der Besitz eines gültigen Passes stellt nach wie vor eine Materialisierung dieser „verbrieften" Zugehörigkeit zu einem konkreten (National-)Staat dar und ist eine grundlegende Voraussetzung für die Geltendmachung der Reise- und Bewegungsfreiheit. Dies ist aber nur *ein* augenfälliger Aspekt, der mit dem Status der StaatsbürgerInnenschaft verbunden ist.

Jenseits des normativen Verständnisses von StaatsbürgerInnenschaft als „rechtlichem Band" zwischen Individuum und (National-)Staat bzw. den daraus abgeleiteten „Rechten und Pflichten" wurde die Aufmerksamkeit der theoretischen Debatten auf weitere Dimensionen ausgedehnt. Durch die Ausweitung der Analyse auf vielfältige soziale Praxen, durch die (Staats-)BürgerInnenschaft konstruiert und konstituiert wird, wurden Bedeutungsgehalte sichtbar, die mit der juristischen Fiktion des einheitlichen Status nicht gefasst werden konnten. Vor dem Hintergrund dieser theoretischen Standortbestimmung erscheint (Staats-)BürgerInnenschaft als Kreuzungspunkt des Privaten und des Politischen, an dem Individuen den Staat produzieren und reproduzieren[2]. Damit werden sowohl die Achsen der Inklusion bzw. Exklusion durch StaatsbürgerInnenschaft klarer erkennbar als auch das Konfliktpotenzial, das in der Zuerkennung der Verweigerung oder dem Verlust von StaatsbürgerInnenschaft als gesellschaftlicher Vollmitgliedschaft enthalten ist.

---

1   Brecht, Bert: Flüchtlingsgespräche Frankfurt am Main 1998, S. 7.
2   Kerber, Linda K.: The Meanings of Citizenship, in: The Journal of American History, vol. 84/1997, S. 854.

Die Ableitung fundamentaler politischer und sozialer Rechte von der StaatsbürgerInnenschaft führt dazu, dass diese zum Ausschlussfaktor für die gesellschaftliche Teilhabe für jene Personen wird, die den Status der „Vollbürgerschaft" nicht besitzen. Daraus folgt ein Auseinanderfallen von Menschen- und BürgerInnenrechten, das in prekärster Weise in den verschiedenen Diskriminierungs- und Ausgrenzungspraxen zum Ausdruck kommt, die den bürgerlichen (Nicht-)Status von (*de facto*) Staatenlosen regelmäßig begleiten. Das Phänomen der Staatenlosigkeit gehört keineswegs der Vergangenheit an, allerdings bleiben die davon Betroffenen vielfach unsichtbar. Dies lässt sich mit der massiven Isolation und der stark eingeschränkten Möglichkeit der Geltendmachung fundamentaler Menschenrechte sowie sozialer und politischer Rechte der Betroffenen erklären. Darüber hinaus haben Staaten, die durch verschiedene Maßnahmen – seien sie legislatorisch oder administrativ – das Entstehen dieses prekären Status herbeiführen, ermöglichen oder zumindest nicht verhindern, keinerlei Interesse an Transparenz.

Gegenwärtig zeigen sich neue Erscheinungsformen der Differenz zwischen Menschen- und BürgerInnenrechten sowohl an den Grenzen als auch innerhalb Europas und fordern dazu heraus, den Fragen der Verrechtlichung dieser Differenzen und den daraus resultierenden Problemen und politischen Herausforderungen nachzugehen und Formen des Widerstands aufzuspüren. Unvermeidbar ist es in diesem Zusammenhang, eine Verbindung zur sogenannten Citizenshipdebatte herzustellen.

Am „Schicksal" der *izbrisani prebivalci Republike Slovenije* [ausgelöschten Einwohner der Republik Slowenien] wird sichtbar, welche konkreten Fragen und Risiken sich mit der Veränderung des Staatsbürgerschaftsrechts im Zuge der Entstehung neuer (National-)Staaten stellen. Im internationalen Recht werden diese im Zusammenhang mit den Folgen der Staatensukzession diskutiert, im nationalen Recht werden sie mittels zwischenstaatlichen Abkommen, Staatsbürgerschafts- und Fremdenrecht normiert und mit entsprechenden verwaltungsrechtlichen Regeln umgesetzt. Hier stellt die Geltendmachung von Menschenrechten eine wichtige Intervention dar und verweist auf den Interessenkonflikt zwischen (National-)Staaten als „souveränen Völkerrechtssubjekten" und Individuen als TrägerInnen unveräußerlicher Menschenrechte.

Namensgebend für die „Ausgelöschten" ist die Streichung jener Personen aus der EinwohnerInnenevidenz der Republik Slowenien, die nicht binnen der sechsmonatigen Frist ab dem Tag der Selbständigwerdung der Republik Slowenien am 25. Juni 1991 um die StaatsbügerInnenschaft angesucht hatten, bzw. deren Antrag abgelehnt wurde, die aber weiter in Slowenien leben wollten. Innerhalb dieser Frist konnten StaatsbürgerInnen aus anderen Teilrepubliken der Sozialistischen Föderativen Republik Jugoslawien (SFRJ), die ihren Wohnsitz in Slowenien gemeldet hatten, einen Antrag auf StaatsbürgerInnenschaft in der 1991 entstandenen Republik Slowenien stellen und so von ihrem Optionsrecht auf die StaatsbürgerInnenschaft Gebrauch machen.

Die Folgen dieser Verwaltungspraxis wurden für die Betroffenen oft erst Monate oder Jahre nach dem Verlust des legalen Aufenthaltsstatus offenkundig und sie waren durchwegs folgenschwer. Die „Streichung" bzw. die Übertragung ihrer Daten von einer Personenevidenz in eine andere hatte dazu geführt, dass die Betroffenen – sprichwörtlich über Nacht – zu „Illegalen" geworden waren und sich nunmehr als „Fremde" in Slowenien aufhielten, wo sie zum Teil bereits seit Jahrzehnten oder seit ihrer Geburt gelebt hatten. Für sie kam ab diesem Zeitpunkt das geltende Fremdenrecht zur Anwendung. Dies bedeutete, dass sie rechtlich Personen gleichgestellt waren, die mit einem gültigen Pass nach Slowenien eingereist waren und sich um einen Aufenthaltstitel bemühten. Die Betroffenen waren jedoch mit der Schwierigkeit konfrontiert, dass sie keinen gültigen Pass eines anderen Staates (und erst recht nicht eines anderen Nachfolgestaates der SFRJ) besaßen und damit faktisch schlechter gestellt waren. Viele von ihnen haben Slowenien verlassen, wurden abgeschoben oder haben sich in den folgenden Jahren ohne geregelten Status und ohne jegliche soziale Absicherung „illegal" in Slowenien aufgehalten.

Obwohl es einem Teil der von der „Auslöschung" betroffenen EinwohnerInnen der Republik Sowenien – auch aufgrund legislatorischer Sanierungsversuche nach der richtungsweisenden Entscheidung des Verfassungsgerichtshofs der Republik Slowenien im Jahr 1999 – gelungen ist, wieder einen legalen Aufenthaltstitel zu bekommen, hat der Verlust des Aufenthaltsrechts einen dramatischen Einschnitt in ihren Biografien bedeutet. Die Auswirkungen, wie der Verlust des Arbeitsplatzes und jeder legalen Beschäftigungsmöglichkeit, konnten damit jedoch ebenso wenig rückgängig gemacht werden wie die Folgen des Verlusts aller sozialen und politischen Rechte, die mit der StaatsbürgerInnenschaft bzw. mit einem legalen Aufenthalt verbunden sind. Die Anhaltung in einem Abschiebezentrum und tatsächliche Abschiebungen an Orte, zu denen die Betroffenen keinen Bezug hatten, waren die Folge. Für jene Personen, die nach ihrer Ausreise nicht mehr nach Slowenien einreisen konnten, bedeutete dies auch eine jahrelange Trennung von ihren Familienangehörigen, die weiter in Slowenien lebten.

Die Komplexität der verschiedenen Ebenen der Ausgrenzung soll an konkreten Beispielen dargestellt werden, um die Bedeutung „fiktiver Ethnizität" bei der Formation von (National-)Staaten und der normativen Präzisierung der Frage, wer zum konstitutiven „Staatsvolk" gehören soll, zu verdeutlichen. In diesem Zusammenhang zeigt sich die Differenz zwischen Menschenrechten und BürgerInnenrechten besonders dann, wenn einerseits Menschenrechte und andererseits Statusfragen ins Spannungsfeld internationaler Verpflichtungen und dem völkerrechtlich „verbrieften" Privileg der (National-)Staaten, als „Souveräne" die Zugehörigkeit zum „Staatsvolk" durch innerstaatliches

Recht zu definieren, geraten. Die Bedeutung des Rechts und die Rolle juristischer Diskurse zur Konstituierung des Verhältnisses von Nation, Staat und konstitutiven Rassismen, die in internationalen bzw. supranationalen Kontexten, aber auch auf innerstaatlicher Ebene in soziale Verhältnisse eingeschrieben sind, verlangt nach theoretischer Auseinandersetzung.

Wichtig ist es, bereits an dieser Stelle darauf hinzuweisen, dass die Situation der „Ausgelöschten" nicht mit der Erlassung des neuen Staatsbürgerschaftsgesetzes, das ein Optionsrecht für BürgerInnen aus anderen Teilrepubliken der SFRJ vorsah, entstanden ist, sondern – wie später ausführlich dargestellt werden soll – durch die Nichtberücksichtigung der besonderen Situation dieser Gruppe von Menschen, die euphemistisch als „novi tujci" [neue Fremde] bezeichnet wurden.

Erst in den vergangenen Jahren sind die administrativen und faktischen Diskriminierungen durch staatliche Organe und die späteren Debatten um die „Ausgelöschten" außerhalb Sloweniens einer breiteren Öffentlichkeit bekannt geworden. In Slowenien hingegen sind sie nach einer langen Phase des Verschweigens bis zur Entscheidung des Verfassungsgerichtshofs im Jahr 1999 zum polarisierenden innenpolitischen Thema geworden. Ihre Geschichte kann exemplarisch für die Dynamik von Exklusionsprozessen im Zusammenhang mit der territorialen Neuformierung von (National-)Staaten betrachtet werden.

Es zeigen sich aber auch Parallelen zu den Entwicklungen in anderen europäischen Ländern, in denen zuerkannte Teilhabe- und Aufenthaltsrechte mit unterschiedlichen Argumentationen zur Disposition gestellt werden. Die Legitimationsstrategien greifen rassistische Argumentationen auf, die juristisch verbrämt werden und daher nicht sofort als solche erkennbar sind. Daraus kann der Bedarf an Analysen abgeleitet werden, welche die jeweils spezifischen historischen Erscheinungsformen und übereinstimmenden strukturellen Voraussetzungen für die Verbindung von (National-)Staatlichkeit und Rassismus zusammenführen und auch danach fragen, was dies für die Entwicklung einer „europäischen Bürgerschaft" bedeutet. In diesem Sinn kann die folgende Arbeit auch als ein Beitrag zu einer vergleichenden Rassismusforschung verstanden werden.

Ausgehend von der These, dass es Übereinstimmungen zwischen den Ausgrenzungspraxen verschiedener Staaten gibt, sollen auch Bezüge zu Entwicklungstendenzen in der Europäischen Union hergestellt und diskutiert werden. Die Auseinandersetzung mit den „Ausgelöschten" ist daher beispielhaft, aber auch stellvertretend für vielfältige Formen der Exklusion durch das Staatsbürgerschaftsrecht und – komplementär dazu – durch das Fremdenrecht. Sie sind eingehegt in einen Rahmen völkerrechtlicher Normen, zwischenstaatlicher Abkommen und internationaler Regime, die zunehmend unter Druck geraten. Bezeichnend für die Entwicklung in der Europäischen Union ist, dass Fragen der StaatsbürgerInnenschaft „innere Angelegenheiten" von Nationalstaaten *per se* bleiben – Einmischung also unerwünscht ist. Im Gegensatz dazu werden die Regelungen von Migrations- und Asylfragen unter sicherheitspolitischen Erwägungen zur Gemeinschaftsangelegenheit *par excellence*.

Die Herausbildung des europäischen Migrationsregimes wird von dieser Sphärenteilung bestimmt, deren vereinheitlichende und gleichzeitig „exklusive" Wirkung sich bereits in aller Deutlichkeit zeigt. Durch die Darstellung und Kritik der juristischen Diskurse im Rahmen der Institutionen, die der Rechts- und liberale Verfassungsstaat zur Verfügung stellt und durch Bezugnahme auf die Situation der Betroffenen soll deutlich gemacht werden, dass menschenrechtliche Aspekte von (Staats-)bürgerInnenschaft insbesondere bei der Gründung neuer Staaten einen „neuralgischen Punkt" darstellen und tatsächlich bis zu (*de facto*) Staatenlosigkeit führen können.

Zu den Übersetzungen im Text: Da ich vielfach Quellen in slowenischer Sprache verwendet habe, zeigte es sich im Sinne der Lesbarkeit und Verständlichkeit als erforderlich, die Originalzitate und Angaben zu den Quellen in den Fußnoten zu übersetzen. Die Übersetzung juristischer Textpassagen folgt weitgehend dem Wortlaut der slowenischen Formulierungen, bei den anderen Übersetzungen steht die inhaltliche Wiedergabe im Vordergrund.

„Jemand hat einmal gesagt, daß wir auf der Welt sind, um diese zu verändern. Wenn das stimmt, sollten wir die Welt und uns genau kennen."

Marie Langer [3]

2 Theoretische Annäherungen und Zuspitzungen

Zunächst soll die Auseinandersetzung mit den verschiedenen Theorien zusammengefasst werden, die der Konkretisierung meiner Forschungsfragen vorangegangen ist. Eine Zuspitzung von Widersprüchlichkeiten ergibt sich, wenn juristische Argumentationslinien im Hinblick auf Fälle der Staatennachfolge und die Auswirkungen auf die Fragen der StaatsbürgerInnenschaft mit sozialen Realitäten konfrontiert werden. Bei dieser Vorgehensweise treffen politikwissenschaftliche Fragestellungen, die gesellschaftliche Entwicklungen und Missstände erklären und verständlich machen wollen, auf vorwiegend rechtspositivistische, deskriptive Analysen des (geltenden) Rechts, was neben unterschiedlichen Ergebnissen aber auch erhebliche „Frustrationen" hervorbringen kann[4]. Abgesehen von den unterschiedlichen Erkenntnisinteressen stellen auch divergierende Konzepte von Staatlichkeit ein gewichtiges Konfliktpotenzial dar.

Eine weitere Zuspitzung ergibt sich, wenn das Verhältnis von Menschenrechten und BürgerInnenrechten überprüft wird. Die Betonung der Bedeutung der Menschenrechte im Zuge der völkerrechtlichen Anerkennung und die Schwierigkeiten der „Ausgelöschten", nach der Illegalisierung ihres Aufenthalts BürgerInnen- und Menschenrechte einzufordern, legen nahe die Auf-

---

3   Langer, Marie: Das gebratene Kind und andere Mythen. Die Macht unbewußter Phantasien, Freiburg im Breisgau 1987, S. 10.
4   Reinold, Theresa: Dialogue de sourds? Über die (Un)Möglichkeit des interdisziplinären Dialogs zwischen VölkerrechtlerInnen und PolitikwissenschaftlerInnen, Zeitschrift für Internationale Beziehungen, Jg. 13, Nr. 2/2006, S. 282.

merksamkeit auf die „Aporien der Menschenrechte" zu lenken. Hannah Arendt hat auf den historischen Zusammenhang hingewiesen, dass die Garantie allgemeiner Menschenrechte in dem Augenblick in moderne Verfassungen aufgenommen wurde, in dem mit der Proklamation der Nationalstaaten allgemeine Menschenrechte als nationale Rechte definiert wurden. Die Konsequenz aus dieser historischen Konstellation ist, dass Menschenrechte (effektiv) nur als StaatsbürgerInnenrechte eingefordert werden können. Eine unbestreitbare Tatsache ist, dass nach dem Zweiten Weltkrieg auf internationaler Ebene Instrumente und Mechanismen geschaffen wurden, die die rechtliche Situation von Minderheiten und *de facto* Staatenlosen betreffen. Diese Fortschritte hinsichtlich der Ausweitung der Rechtsdurchsetzungsmöglichkeiten auf internationaler Ebene können aber die Bedenken Hannah Arendts nicht entkräften, dass „die Anstrengungen wenigstens auf dem Papier jedem Menschen so viele Rechte als möglich zuzusprechen, die Idee der Menschenrechte diskreditieren"[5]. Sie sind als Symptom dafür anzusehen, dass die wirkliche Situation von Staatenlosen, die Unmöglichkeit ihnen die Menschenrechte innerhalb des Systems souveräner Staaten zu sichern, ignoriert wird[6]. Solange die Idee der Menschenrechte sich in der Formulierung einer „Art zusätzlichen Ausnahmerechts für die Unterdrückten"[7] auswirkt, werden die „Aporien der Menschenrechte" weiter bestehen.

Hannah Arendt hat mit ihrer Analyse auf die Rechtlosigkeit der Staatenlosen aufmerksam gemacht und sie damit „ins Zentrum der Problematik der Bürgerschaft gestellt"[8]. Es geht ihr aber nicht darum, ein humanistisches Kriterium einer universellen Rechtsinstitution daraus abzuleiten, sondern um eine Lösung des Problems der Staatenlosen als Voraussetzung einer permanenten Erneuerung der politischen Öffentlichkeit und des politischen Handelns[9]. Die extreme Gewalt, der Staatenlose auch heute noch ausgesetzt sind, zeugt von der Unmöglichkeit, Menschenrechte und StaatsbürgerInnenrechte in Übereinstimmung zu bringen und erklärt auch, warum die Frage der Menschenrechte nicht ohne weiteres in die Citizenshipdebatte integriert werden kann[10].

Diese Überlegungen bildeten den Ausgangspunkt bei der Suche nach einem theoretischen Instrumentarium. Die Auseinandersetzung mit anderen Er-

---

5   Arendt, Hannah: Elemente und Ursprünge totaler Herrschaft. Antisemitismus, Imperialismus, totale Herrschaft, München/Zürich 2005, S. 607.
6   Ebenda.
7   Ebenda, S. 602.
8   Balibar, Étienne: Sind wir Bürger Europas? Politische Integration, soziale Ausgrenzung und die Zukunft des Nationalen, Hamburg 2003, S. 167f.
9   Ebenda.
10 Isin, Engin F./Turner, Bryan S.: Handbook of citizenship studies, London u.a. 2002, S. 6f.

klärungsansätzen zu den gesellschaftlichen und politischen Entwicklungen in Jugoslawien ermöglichte eine genauere Bestimmung meiner Forschungsperspektive und eine Vertiefung des Verständnisses der symbolischen und realen Kämpfe, die bei der Suche nach adäquaten Lösungen für die prekäre Situation der rechtswidrig illegalisierten „Ausgelöschten" entbrannt sind.

2.1 Forschungsperspektiven zwischen Optimismus, Pessimismus und Ratlosigkeit

Sabrina Ramet unterscheidet in ihrer Gegenüberstellung der verschiedenen Forschungsperspektiven, in den „Yugoslav Studies" zwischen „optimistischen" und „pessimistischen" Positionen:

> This temperamental difference between optimists and pessimists was reflected in different views of self-management, the 1974 constitution, post-Titoist policy in Kosovo […], the prospects for the establishment of the rule of law in post-communist Eastern Europe as a whole, and the prospects for a negotiated peace in Ex-Yugoslavia.[11]

Diese gegensätzlichen Zugänge wurden im Zuge der Entwicklungen in den späten 1980er Jahren und der Kriege in Jugoslawien Anfang der 1990er Jahre insofern erneut miteinander konfrontiert, als die zuvor als „Optimisten" bezeichneten vorwiegend externe Gründe, „Pessimisten" hingegen innere Konfliktursachen für die Gewalteskalation und den Zerfall Jugoslawiens verantwortlich sahen[12]. Es kann davon ausgegangen werden, dass sich diese *„temperamental differences"* nicht nur aus den von Ramet angesprochenen unterschiedlichen methodologischen Zugangsweisen und Forschungsperspektiven ergeben haben, sondern dass auch unterschiedliche politische Standortbestimmungen für den Blick auf das „Modell Jugoslawien" Ausschlag gebend waren. Während positive Bezugnahmen nach der Desintegration der SFRJ zunehmend verstummten und Analysen, die ökonomische Erklärungen anboten und Zusammenhänge mit weltweiten Verteilungsfragen herstellten, mit dem Vorwurf des „Determinismus" belegt wurden[13], nahm die (diskursive) Ethnisierung der Konflikte zu. Neben pessimistischen Rückblicken und (selbst)kriti-

---

11 Ramet, Sabrina P.: Thinking about Yugoslavia: Scholary Debates about the Yugoslav Breakup and the Wars in Bosnia and Kosovo, Cambridge u.a. 2005, S. 54.
12 Ebenda, S. 54f.
13 Wolfstetter, Lothar: Der Riß durch Europa, der Krieg in Ex-Jugoslawien und wir, in: Bourdieu, Pierre u.a.: Rassismus und Nationalismus heute, übers. von Bertram, Helmut/Wolfstetter, Lothar (Hg.): Die Diskussion in Frankreich (Bd. 1), Frankfurt am Main 1994, S. 95f.

schen Analysen[14] der Fehleinschätzungen des jugoslawischen Modells, bestimmten nach der Desintegration Jugoslawiens „simplifizierende, geschichtsfixierte Sichtweisen"[15] die Analyse der Konflikte in Südosteuropa.

Die als *„ancient hatred"*-These apostrophierte Perspektive wurde zum tragenden Klischee über den Zerfall Jugoslawiens[16] und kann als spezifische Variante des Balkanismus, den Maria Todorova in Auseinandersetzung mit Edward Saïds Konzept des Orientalismus beschrieben hat[17], bezeichnet werden. „Unüberwindliche ethnische Spannungen" und der „seit Jahrhunderten währende Hass der Völker auf dem Balkan" erscheinen so einmal mehr als zentrale Ursachen für den Zerfall der SFRJ. Auf diese Weise konnte die „Wiederkehr des Nationalismus" einerseits skandalisiert und andererseits als (notwendiger) Entwicklungsschritt im Zusammenhang mit Industrialisierung und „Modernisierung" als unvermeidbares Phänomen des Übergangs nach dem „Wegfall des Kommunismus" interpretiert werden[18].

Diese Konfliktperzeption harmonierte auch mit jenen Ansätzen, die von einer Unterscheidung zwischen einem „bürgerlichen" und einem „ethnischen" Nationalismus" ausgehend[19] spiegelbildlich zu einem westlichen (toleranten, liberalen und nicht-diskriminierenden) „Patriotismus" einen östlichen (autoritären, tribalistischen und antidemokratischen) „Nationalismus" konstruierten, den es durch die erfolgreiche Transformation nach dem Vorbild westlicher Demokratien zu „zivilisieren" gilt[20]. Eine sich gegenseitig ausschließende Unterscheidung zwischen einem „ethnischen" Nationalismus und einem „staatsbürgerlichen" Nationalismus, der als Patriotismus bezeichnet wird, ist jedoch schwer zu begründen, „da bereits die Kategorie der Staatsbürgerschaft selbst

---

14 Roggemann, Herwig: Vom jugoslawischen Verfassungskonflikt zum neuen Balkankrieg, in: Sundhaussen, Holm (Hg.): Südosteuropa zu Beginn der neunziger Jahre. Reformen, Krisen und Konflikte in den vormals sozialistischen Ländern, Berlin 1993, S. 107ff.
15 Troebst, Stefan: Politische Entwicklung in der Neuzeit, in: Ders./Hatschikjan, Magarditsch (Hg.): Südosteuropa. Ein Handbuch. Gesellschaft – Politik – Wirtschaft – Kultur, München 1999, S. 74.
16 Schwartz, Stephen: Beyond „Ancient Hatreds". What really happened to Yugoslavia, in: Policy review, no. 97, Oct. – Nov. 1999, http://www.hoover.org/publications/policyreview/3494821.html (10.02.2006).
17 Ausführlicher dazu: Todorova, Maria: Die Erfindung des Balkans. Europas bequemes Vorurteil, Darmstadt 1999, S. 17 – 40.
18 Beispielhaft kann in dieser Hinsicht das Stufen- und Zonenmodell der Modernisierung und Demokratisierung Gellners angeführt werden, siehe: Gellner, Ernest: Nationalismus in Osteuropa, Wien 1996, S. 27 – 39.
19 Ignatieff, Michael: Reisen in den neuen Nationalismus, Frankfurt am Main/Leipzig 1996, S. 11ff.
20 Hajdinjak, Marko: Tolerantly Ethnic and Aggressively Civic? Redefining the Definitions of Nationalism, in: Kovács, Mária/Lom, Petr (eds.): Studies on Nationalism from CEU, Budapest 2004, S. 247f.

auf Ausschließung basiert und darum auch nicht der Gegenpol sein kann zu einem ethnischen Ausschluss"[21]. Anstelle dessen schlägt Nira Yuval-Davis vor, solche Klassifizierungen aufzugeben und sie als verschiedene „Hauptdimensionen" nationalistischer Ideologien und Projekte zu behandeln, die in konkreten historischen Fällen je spezifisch kombiniert sind[22]. Mit der Zurückweisung eines prinzipiellen Unterschieds zwischen Erscheinungsformen von Nationalismus und Patriotismus[23] rückt die Aktualität der Fragestellung nach den Ausschlussfunktionen der StaatsbürgerInnenschaft in Demokratien näher und sie können nicht mehr als „vormodernes" Phänomen abgetan werden.

2.1.1 Transformationsforschung im Zeichen der Modernisierungstheorien

Von den vielfältigen Dimensionen des Begriffs der „Moderne" stellen das zunehmende Ineinandergreifen ökonomischer, politischer und kultureller Transformationsprozesse und die soziale Differenzierung der Gesellschaft zentrale Entwicklungslinien dar. Die Entstehung „moderner Staatlichkeit" steht aber auch in Verbindung mit der Durchsetzung des Kapitalismus, der Industrialisierung und der Herausbildung liberaldemokratischer Strukturen. Mit der Weiterentwicklung des Völkerrechts wurde die funktionalistische Vorstellung „moderner" (National-)Staatlichkeit zum Leitmodell im Rahmen des internationalen Staatensystems.

Modernisierungstheorien versuchen diese Entwicklung der „westlichen Gesellschaften" zu deuten und zu verallgemeinern. Seit der Entwicklung der Modernisierungstheorien in der Soziologie ist es zu mehreren Konjunkturen ihrer Rezeption gekommen. Die breite Kritik an der stark von Parsons' Strukturfunktionalismus geprägten soziologischen und politikwissenschaftlichen Forschung in den 1970er Jahren hat zu einem Abflauen der Bezugnahme auf Modernisieungstheorien geführt[24]. MarxistInnen und SozialhistorikerInnen kritisierten die Vorstellungen von „Modernisierung", die von einer „normalen" Entwicklungstendenz von Gesellschaften ausgingen unter anderem als „ethnozentristisch", „statisch" und einseitig am westlichen Demokratiemodell orientiert[25]. Dennoch blieben Modernisierungstheorien weiter produktiv für die Theoriebildung im Bereich der Sozialwissenschaften.

Nach dem Ende der „Systemkonkurrenz" kam es zu einer neuerlichen Konjunktur der Rezeption von Modernisierungstheorien. Da die Sozialwissen-

---

21 Yuval-Davis, Nira: Geschlecht und Nation, Emmendingen 2001, S. 40.
22 Ebenda, S. 41.
23 Balibar: Die Grenzen der Demokratie, Hamburg 1993, S. 63.
24 Rucht, Dieter: Modernisierung und neue soziale Bewegungen. Deutschland, Frankreich und USA im Vergleich, Frankfurt am Main u.a. 1994, S. 36f.
25 Ebenda.

schaften und auch die Politikwissenschaft die weitreichenden Veränderungen in Ost- und Südosteuropa weder prognostizieren noch zufriedenstellend erklären konnten, zeigten sich die Grenzen normativer Transformationstheorien[26]. Es wurden in der Folge fruchtbare Schnittstellen zwischen soziologischen Modernisierungstheorien und der neu belebten Transformationsforschung entdeckt[27], die auch Impuls gebend für die politikwissenschaftliche Transformationsforschung waren und Anlass für eine Ausweitung der feministischen Kritik auf die politikwissenschaftliche Transformationsforschung boten[28].

Auf die „Rückständigkeit" der Ergebnisse dieser Forschungsansätze haben vor allem feministische Wissenschafterinnen hingewiesen, die wenig überrascht feststellten, dass sich die „Geschlechtsblindheit"[29] der politikwissenschaftlichen Theoriebildung des *mainstreams* reproduzierte und im *malestream* der Transformationsforschung fortsetzte. Ergänzt wurde diese Kritik durch die diagnostizierte „Ideologieblindheit", da die Transformationsforschung auf eine Anbindung an demokratietheoretische Debatten großzügig verzichtete[30]. Damit wurden die bereits ausgedeuteten Leerstellen in der Auseinandersetzung mit „moderner Staatlichkeit" fortgeschrieben:

> Nobody has thought of testing the now popular 'democracy' according to criteria of gender. Unfortunately, all known forms of democracy would fail at this examination. Democracy without the participation of half of the population (women in this case) is no democracy. Yet this is what is being offered under the rubric of 'democracy'.[31]

---

26 Sandschneider, Eberhard: Stabilität und Transformation politischer Systeme, Stand und Perspektiven politikwissenschaftlicher Transformationsforschung, Opladen 1995, S. 43ff.

27 Zapf, Wolfgang: Modernisierungstheorien in der Transformationsforschung, in: Beyme, Klaus von/Offe, Claus (Hg.): Politische Theorien in der Ära der Transformation, Politische Vierteljahresschrift, Sonderheft 26/1995, Opladen 1996, S. 173.

28 Sauer, Birgit: Transition zur Demokratie? Die Kategorie >Geschlecht< als Prüfstein für die Zuverlässigkeit von sozialwissenschaftlichen Transformationstheorien, in: Kreisky, Eva (Hg.in): Vom patriarchalen Staatssozialismus zur patriarchalen Demokratie, Wien 1996, S. 138ff.

29 Kreisky, Eva: Der Staat ohne Geschlecht? Aufsätze feministischer Staatskritik und feministischer Staatserklärung, in: Dies./Sauer, Birgit (Hg.innen): Feministische Standpunkte in der Politikwissenschaft. Eine Einführung, Frankfurt am Main/New York 1995, S. 205.

30 Kreisky, Eva/Sauer, Birgit (Hg.innen): Geschlechterverhältnisse im Kontext politischer Transformation, Politische Vierteljahresschrift, Sonderheft 28/1997, Opladen 1998, S. 37.

31 Iveković, Rada: The New Democracy – With Women or Without Them?, in: Ramet, Sabrina P./ Adamovich, Ljubiša S.: Beyond Yugoslavia. Politics, Economics, and Culture in a Shattered Community, Boulder/San Francisco/Oxford 1995, S. 396.

Das Interesse der modernisierungstheoretisch orientierten Transformationsforschung blieb zunächst auf die Veränderungen der politischen Systeme fixiert. Im Mittelpunkt standen die „Systemwechsel" bzw. die „Transition zur Demokratie" in den Ländern Osteuropas[32], die in schematischer Weise beschrieben und ausgedeutet wurden. Tiefgreifende gesellschaftliche Entwicklungen und AkteurInnen, die maßgeblich daran beteiligt waren, rückten erst allmählich im Zusammenhang mit dem transformationswissenschaftlichen Interesse an den „Zivilgesellschaften" ins Blickfeld.[33] Mit der Betonung der Bedeutung der politischen Kultur stieg die Aufmerksamkeit der Transformationsforschung an den „Zivilgesellschaften". Der Beitrag der Zivilgesellschaft zur demokratischen Konsolidierung wurde ausgehend von einem funktionalistischen Konzept der Zivilgesellschaf beforscht.[34] Allmählich setzte sich auch in diesem Forschungsansatz die Einsicht durch, dass Systemwechsel nie auf einer *Tabula rasa* entstehen[35].

Ähnlich umstritten wie der Begriff der „Modernisierung" innerhalb der Modernisierungstheorien, blieb der Demokratiebegriff der Transformationsforschung. Diese zeigte jedoch bei der Beschreibung und Analyse der gesellschaftlichen Wandlungsprozesse in den neu entstanden Staaten in Ost- und Südosteuropa aufgrund der Ausrichtung am Ideal der „westlichen liberalen Demokratie" zunächst wenig Reflexionsbereitschaft.

Auch Wolfgang Merkel beschreibt als „symptomatisch für die politikwissenschaftliche Transformationsforschung, dass sich keine intensive demokratietheoretische Debatte entwickelt hat".[36] „Gleichsam diskurslos" wurde das – an Schumpeters realistischer Demokratietheorie orientierte – Demokratiekonzept Robert Dahls zum gemeinsamen Ausgangspunkt politikwissenschaftlicher Systemwechselforschung[37]. Zu den „prozeduralen und institutionellen Minima", die Bezugspunkte für neue Konzepte darstellten, zählen die bekannten Kriterien: Assoziationsfreiheit, Meinungsfreiheit, aktives und passives Wahlrecht, das Recht politischer Eliten um WählerInnenstimmen zu konkurrieren,

---

32　Zu den konkurrierenden Begrifflichkeiten Kreisky/Sauer: Geschlechterverhältnisse im Kontext politischer Transformation, S. 19f.
33　Kreisky, Eva: Vom patriarchalen Staatssozialismus zur patriarchalen Demokratie, Wien 1996, S. 8.
34　Croissant, Aurel/Lauth, Hans-Joachim/Merkel, Wolfgang: Zivilgesellschaft und Transformation: ein internationaler Vergleich, in: Henkes, Christian/Merkel Wolfgang (Hg.): Systemwechsel 5. Zivilgesellschaft und Transformation, Opladen 2000, S. 10f.
35　Ebenda, S. 21.
36　Merkel, Wolfgang: Theorien der Transformation: Die demokratische Konsolidierung postautoritärer Gesellschaften, in: Beyme, Klaus von/Offe, Claus: Politische Theorien in der Ära der Transformation, Politische Vierteljahresschrift, Sonderheft 26/1995, Opladen 1996, S. 33.
37　Ebenda.

Pluralismus der Informationsquellen, freie und faire Wahlen sowie Institutionen, die die Regierungspolitik vom Wählerwillen und „anderen Ausdrucksformen der Bürgerpräferenzen" abhängig machen[38]. Mit diesem pragmatischen Zugang vermied es der *mainstream* der Transformationsforschung, sich auf „das verminte Gebiet demokratietheoretischer Paradoxa"[39] zu begeben, verlor aber damit die virulenten Fragestellungen hinsichtlich der Entwicklung von Staatlichkeit in Europa aus dem Blick.

Mit dem Rückzug auf deskriptive und schematische Darstellungen wurde ignoriert, dass das *role model* der „liberalen Demokratie", das als konstanter Bezugspunkt der Transformationsforschung diente, ebenfalls starken Transformationen unterliegt[40]. Die Ergebnisse der Beschreibung von Staatlichkeit und deren Veränderungen in den neu entstandenen Staaten orientierten sich an einer statischen Vorstellung von einem Modell „liberaler Demokratie", dessen analytische Aussagekraft durch die zunehmende „Abkoppelung" von vielschichtigen, widersprüchlichen und ambivalenten gesellschaftlichen Veränderungen relativiert wurde.

2.1.2 Transformationsforschung nach der Überwindung des „Dilemmas der Gleichzeitigkeit" – oder: Die Suche nach konsolidierten Demokratien

Aus den Erfahrungen der „Demokratisierungswellen" in Europa und Lateinamerika schienen die gleichzeitige politische Transformation (Nationalstaatbildung und Demokratisierung) sowie die wirtschaftliche und staatliche Transformation (Neu- oder Wiedererrichtung von Nationalstaaten) in Ost- und Südosteuropa unmöglich. An diesem von Claus Offe formulierten und als „Dilemma der Gleichzeitigkeit"[41] berühmt gewordenen Theorem orientierte sich die Transformationsforschung, bis das „Elend der Theorie" offenkundig wurde[42]. Mit den festgestellten Demokratisierungserfolgen in einigen der neu entstandenen Staaten verlagerte sich der Fokus weiter auf die demokratische Konsolidierung der „jungen" Demokratien. Dabei blieb auch der Begriff der Konsolidierung nicht unumstritten. Zur Beantwortung der Frage, ab wann eine Demokratie als konsolidiert gilt, stand und stehen sich hinsichtlich des Zeithorizontes und der möglichen Entwicklungspfade zur raschesten Konsolidie-

---

38 Ebenda.
39 Ebenda, S. 35.
40 Kreisky, Eva/Sauer, Birgit: Geschlechterverhältnisse im Kontext politischer Transformation, Politische Vierteljahresschrift, Sonderband 28/1997, Opladen 1998, S. 18f.
41 Offe, Claus: Das Dilemma der Gleichzeitigkeit. Demokratisierung und Marktwirtschaft in Osteuropa, in: Merkur Jg. 45, Nr. 4/1991, S. 279 – 292.
42 Merkel, Wolfgang: Gegen alle Theorie? Die Konsolidierung der Demokratie in Ostmitteleuropa, in: Politische Vierteljahresschrift, Jg. 48, Nr. 3/2007, S. 426.

rung der neuen Demokratien konkurrierende Ansätze gegenüber[43]. Wolfgang Merkel hat anknüpfend an Geoffrey Pridhams Konzept der „positiven Konsolidierung" und in Anlehnung an Juan Linz und Alfred Stepan ein Mehrebenenmodell der demokratischen Konsolidierung entwickelt[44], in dem er erstens die institutionelle, zweitens die repräsentative Konsolidierung, drittens eine Verhaltenskonsolidierung und viertens die Konsolidierung der politischen Kultur als zentrale Dimensionen der Konsolidierung untersucht[45].

In einer Anwendung seines Modells hat Merkel auf der Grundlage der Daten des *Bertelsmann Transformationsindex* von 2006 und des *Freedomhouse Index* den aktuellen Konsolidierungsstand Osteuropas erhoben und gleichzeitig die Gründe des partiellen Scheiterns des „Dilemmas der Gleichzeitigkeit" reflektiert. Merkel hebt dabei die Vernachlässigung der Variablen Modernität, Staatlichkeit sowie die Einschätzung des Einflusses externer Akteure als entscheidende Schwächen jener Forschungsperspektiven hervor, die sich am Theorem des „Dilemmas der Gleichzeitigkeit" orientierten. Insbesondere das Problem der Staatlichkeit hatte demnach einen größeren Einfluss auf den Erfolg oder das Scheitern der demokratischen Konsolidierung in Osteuropa als die Interferenzen gleichzeitiger politischer und wirtschaftlicher Transformation[46].

Der Staatlichkeitsbegriff der Transformationsforschung orientiert sich an der von Georg Jellinek formulierten „Integrität von Staatsvolk, Staatsgebiet und Staatsmacht" und der „Administrationsfähigkeit der Staatsbürokratie" im Sinne Max Webers[47] und weist eine große Übereinstimmung mit dem normativen Staatsbegriff des Völkerrechts auf. Merkel unterscheidet daher konsequent zwischen jenen Ländergruppen in Osteuropa, „die mit der Jellinekschen Trinität eines funktionierenden Staatswesens besondere Probleme hatten und diese nicht (friedlich) lösen konnten (Russland, Ex-Jugoslawien, Albanien und abgeschwächt die Ukraine)"[48] und jenen, denen die Staatsbildung gelungen war. Slowenien, „welches das Problem 1991 rasch gelöst hatte"[49], geht daher auch als Gesamtsieger im Ranking der Konsolidierungserfolge hervor, während Kroatiens „verzögerte Konsolidierung" mit der längeren Verwicklung im „ethnischen Bürgerkrieg" erklärt wird. Auch Serbien-Montenegro, Bosnien-Herzegovina und dem Kosovo wurde aufgrund der Probleme bei der Klärung der „Demoszugehörigkeit" sowie der „Territorialitätsprobleme", ein schwacher Konsolidierungsstand attestiert[50].

---

43 Ebenda, S. 414.
44 Ebenda, S. 415f.
45 Merkel: Theorien der Transformation, S. 38f.
46 Merkel: Gegen alle Theorie?, S. 429.
47 Ebenda, S. 428.
48 Ebenda.
49 Ebenda.
50 Ebenda.

2.1.3 Das Ideal vom liberalen Verfassungsstaat

Dennoch kommt auch Merkel zur Einschätzung, dass einige der als konsolidierte Demokratien zu bezeichnende Transformationsstaaten „einen Vergleich mit dem Italien Berlusconis, den USA unter Bush oder einem Österreich, das sich von einer rassistisch-xenophoben Partei mitregieren lässt", nicht scheuen müssen.[51] Damit drängt sich die unbequeme Ahnung auf, dass „Demokratisierung" mit solchen *rankings* nicht ausreichend beschrieben werden kann. Die „dunkle Seite" der Demokratie und die „Modernität" ethnischer Säuberungen, die von Michael Mann in seinen historischen Analysen als „Teil der Moderne und Zivilisation"[52] identifiziert wurden, kann damit nicht ausreichend erhellt werden und wird folglich ausgeblendet. Mit dem selbstverständlichen Rückgriff auf Konzepte von (National-)Staatlichkeit und der hemdsärmeligen Umgestaltung der politischen und ökonomischen Strukturen konnte die Kritik an der „natürlich" anmutenden Verfasstheit „moderner", „westlicher" Demokratien vom *mainstream* der Transformationsforschung nicht integriert werden.

Die Orientierung am „idealtypischen" Modell der Demokratie als liberalem Verfassungsstaat mit Mehrparteiensystem, Marktwirtschaft und den sie repräsentierenden Institutionen folgte eine staatszentrierte Fokussierung bei der Analyse von Transformationsprozessen, die vom *mainstream* der *scientific communities* in den Transformationsstaaten übernommen wurde[53] und schließlich zur Marginalisierung jener Forschungsansätze führte, die einer allzu bereitwilligen Übernahme des Theorietransfers skeptisch gegenüberstanden[54].

Die Geschlechterforschung bot eine Möglichkeit des Widerstands gegen eine unhinterfragte Übernahme von verschiedenen Großtheorien. Die Reflexion der politischen Erfahrung feministischer Aktivistinnen in Slowenien führte zu einer kritischen Rezeption der Transformationstheorien[55]. Die daraus abgeleitete nüchterne Einschätzung hinsichtlich des idealisierten Demokratieverständnisses der Transformationsforschung mündete in „realistische" Analysen der gesellschaftlichen Verhältnisse. Vlasta Jalušič hat darauf hingewiesen, dass (zumindest ein guter Teil) oppositioneller Aktivitäten nicht auf

---

51 Ebenda, S. 426.
52 Mann, Michael: Die dunkle Seite der Demokratie. Eine Theorie der ethnischen Säuberungen, Hamburg 2007.
53 Robbins, John R.: Setting the Scene: Problems of Transition, in: Fink-Hafner, Danica/John R. Robbins, (Hg.Innen): Making of a New Nation: The Formation of Slovenia, Aldershot 1997, S. 1 – 21.
54 Jalušič, Vlasta: Die Geschlechterfrage und die Transformation in Ostmitteleuropa: Kann das Geschlechterparadigma zur „Transformation des Politischen" beitragen?, in: Kreisky, Eva/Sauer, Birgit (Hg.innen): Geschlechterverhältnisse im Kontext politischer Transformation, Politische Vierteljahresschrift, Sonderband 28/1997, Opladen/Wiesbaden 1998, S. 467.
55 Ebenda, S. 467f.

die Wiedereinführung des „antiquierten" Nationalstaatsmodells abgezielt hatten, sondern sich mit der Hoffnung verbanden ein „‚citizenship'-Modell des Staates" zu erreichen[56]. Die tatsächliche Gründung von Staaten nach einer „Art Schmittianischen Modell" hatte den „Austritt der Männer aus der zivilen Gesellschaft in die Macht" zur Folge und führte zu einer „unglaubliche(n) Produktion von Feinden", zu denen „die Fremden", „die Anderen", „die Anderssprechenden" aber auch die Frauen als das „gefährliche" andere Geschlecht zählten[57]. Diese Entwicklungen waren ein Teil der (National-)Staatsbildung und können auch in der Ausgestaltung des Staatsbürgerschaftsrechts nachvollzogen werden, die gesellschaftliche Teilhabe über Ausschlussmechanismen definiert.

2.1.4 Vom schwachen Staat und europäischen Interessen

An den Theoriekanon der Transformationsforschung anknüpfend entwickelte Svetlozar Andreev eine komplexe Analyse der auftretenden Schwierigkeiten mit dem StaatsbürgerInnenschaftsstatus der BürgerInnen der SFRJ und Asylsuchenden, die vor der Unabhängigkeit in Slowenien gelebt hatten und greift dabei auf das Konzept vom „schwachen Staat" zurück:

> It is hypothesised that a combination of 'historical/cultural' and 'transitional/international (globalisation)' factors have rendered the Slovenian state incapable of dealing with its citizenship problems. Four analytical perspectives towards explaining how the weakness of Slovenian state vis-á-vis domestic and international actors impedes the solution of a particular citizenship issue will be presented. [...] These perspectives are the nation-building (historical/cultural), the democratisation (political), the procedural-constitutional (legal) and the European (international) perspectives.[58]

Andreev begründet diese spezifische „Schwäche" der Republik Slowenien einerseits mit der Abhängigkeit der politischen Eliten von der Unterstützung der gesamten Bevölkerung bei der Umsetzung der einschneidenden Reformen und andererseits mit dem Erreichen externer Legitimation. Der Umgang mit (nationalen) Minderheiten habe dabei einen kritischen Test dargestellt, von dem auch die Legitimität des neu gegründeten Staates nach außen abhing[59]. Ungeachtet der relativ weitreichenden Ausgestaltung der Minderheitenrechte für die anerkannten Minderheiten, zeigten sich für bestimmte Gruppen Ein-

---

56 Ebenda, S. 459.
57 Ebenda.
58 Andreev, Svetlozar: Making Slovenian Citizens: The Problem of the Former Yugoslav Citizens and Asylum Seekers Living in Slovenia, in: Southeast European Politics, vol. 4, no. 1/2003, S. 1f.
59 Ebenda.

schränkungen, die sich bis zu einer „*take it or leave it*"- Position reduzierten[60]. Zu dieser Gruppe gehörten insbesondere jene Menschen aus anderen Teilrepubliken der SFRJ, die einen Antrag auf die StaatsbürgerInnenschaft der RS aus verschiedenen Gründen nicht gestellt hatten, die aber weiter in Slowenien leben wollten.

Andreev gibt insbesondere zwei Gründe dafür an, warum die demokratische Reputation Sloweniens auf der EU-Ebene nicht ernsthaft in Frage gestellt wurde und die Vernachlässigung rechtsstaatlicher Prinzipien keine nennenswerten Reaktionen hervorgerufen hatte bzw. politische Einflussnahmen eher „indirekter Natur"[61] waren:

> a) Slovenia's performance regarding the protection of ethnic minorities has been better-than-average compared to that of the other candidate states form postcommunist Europe.
>
> b) Some of the current EU member states experience similar problems with their own minorities and would not welcome international solutions for issues that are perceived as an exclusively domestic affair.[62]

Bemerkenswert ist insbesondere Andreevs Begründung eines Zusammenhangs zwischen der zeitgleichen Formierung und gesetzlichen Ausgestaltung der slowenischen StaatsbürgerInnenschaft und den Diskussionen um eine supranationale BürgerInnenschaft in der EU. Er konstatiert eine „temporäre Schwäche" der Republik Slowenien, die im Zuge der Annäherung an die EU unter Druck gerät die „Kopenhagen-Kriterien" zu erfüllen und bestimmte Politikfelder EU-konform zu gestalten. Für diese Interpretation sprechen auch andere Analysen, die ein veritables Machtungleichgewicht und einen „hohen Grad an Konditionalität" bei der Annäherung der neuen Mitgliedsländer an die EU feststellen[63], worüber die Fortschrittsberichte der verschiedenen Beitrittsländer und die regelmäßigen *rankings* Auskunft geben.

Die differenzierte und bilaterale Herangehensweise der EU und der dadurch ausgelöste Wettbewerb im Hinblick auf die Erfüllung der „Kopenhagenkriterien" hat aber auch eine flächendeckende Umsetzung von Deregulierungsprogrammen unter neoliberalen Vorzeichen gewährleistet[64]. Damit wurde der innenpolitische Handlungsspielraum der AkteurInnen in den Beitrittsländern eingeengt und die Lösung evidenter sozialer Probleme in den

---

60 Ebenda, S. 11.
61 Ebenda, S. 16.
62 Ebenda.
63 Bohle, Dorothee: Harsche Bedingungen für Osteuropas Rückkehr nach Europa, in: Kurswechsel, Nr.1/2004, S. 53.
64 Bohle, Dorothee: EU-Integration und Osterweiterung: die Konturen einer neuen europäischen Unordnung, in: Bieling, Hans-Jürgen/Steinhilber, Jochen (Hg.): Die Konfiguration Europas. Dimensionen einer kritischen Integrationstheorie, Münster 2000, S. 305ff.

Hintergrund gedrängt. Es ist daher nicht verwunderlich, dass die „Ausgelöschten" und die Lösung der offenen Fragen kein gewichtiges Thema der Beitrittsverhandlungen wurden und das Ankündigen von Lösungen als ausreichend akzeptiert wurde.

In der Analyse Andreevs bleiben jedoch die Widersprüche unbenannt, die sich aus der Forderung der Übernahme des Grenzregimes und die Ausdehnung der Restriktionen in der Migrations- und Flüchtlingspolitik für die Beziehungen der BürgerInnen aus den verschiedenen ehemaligen Teilrepubliken der SFRJ ergeben. Zur Harmonisierung der strukturellen Voraussetzungen und zur Umsetzung eines effektiven Bordermanagement gab es keine Alternativen, wie aus dem folgenden Strategiebericht hervorgeht:

> Slovenia's options were limited by its early decision to seek EU membership, leaving it no choice but to implement the Schengen regime for border management. However, financial pressures, the need for rationalisation, and inexperience meant that the identification of a clear strategy took time.[65]

Weiters bleiben mit dem Hinweis, dass es dem slowenischen Staat nicht gelungen sei, eine tragfähige Lösung der problematischen Fragen der StaatsbürgerInnenschaft durchzusetzen, einmal mehr die AkteurInnen unsichtbar. Entscheidend für die Obstruktionspolitik in dieser Frage ist, dass einige der politischen AkteurInnen, die sich für die Durchsetzung der Selbstständigkeit der Republik Slowenien von der SFRJ engagiert haben, den rechtswidrigen Entzug des Aufenthaltrechts vollzogen haben. Es ist also einem maßgeblichen Teil der politischen Elite gelungen, diese Fragen über einen Zeitraum von mehr als eineinhalb Jahrzehnten auch in den internationalen Institutionen zu „de-thematisieren" und mit staatsmännischen Hinweisen auf die Komplexität der Situation zum Gegenstand „stiller Diplomatie" zu erklären. Aufforderungen zur Lösung der Situation der „Ausgelöschten" wurden mit massiven persönlichen Anfeindungen erwidert, was sowohl die politischen AktivistInnen der „Ausgelöschten" als auch die Personen und Institutionen betraf, die sich für die „Ausgelöschten" eingesetzt hatten[66].

2.2 Bringt die Auseinandersetzung mit Rassismustheorien einen Erkenntnisgewinn?

Ausgehend von der kritischen Rassismustheorie in England und Frankreich wurde der Begriff des „institutionellen Rassismus" entwickelt, der in der deutschsprachigen wissenschaftlichen Auseinandersetzung mit Rassismus sehr zöger-

---

65 Hills, Alice: Border security in the Balkans: Europe's gatekeepers, Oxford/New York 2004, S. 57.
66 Hanžek, Matjaž: When will words become actions? Reflections on hate speech in Slovenia: http://www.eurozine.com/articles/2007-07-20-hanzek-en.html (16.01.2008).

lich aufgenommen wurde[67]. In diesen Theorien wird der Fokus vom individuellen Handeln von Menschen, die „fremdenfeindlich" bzw. „xenophob" sind oder eine vermeintlich „natürliche" Angst vor dem „Fremden" haben, auf die Ebene der Gesellschaft hingelenkt.

Die Vorbehalte gegen einen erweiterten Rassismusbegriff, der sich nicht auf die Diskriminierung aufgrund „biologischer" Merkmale bezieht, kann mit der engeren Definition des Wortes „Rasse" in der deutschen Sprache und den spezifischen historischen Erfahrungen mit Faschismus und Nationalismus in Deutschland (und Österreich) begründet werden[68]. Mit der Rezeption ideologietheoretischer Beiträge zur kritischen Rassismusforschung verlagerte sich der Fokus auf die Ebene der Gesellschaft, was auch zu einer kritischen Auseinandersetzung mit sozialpsychologischen Erklärungsansätzen führte.

2.2.1 Xenophobie, Vorurteil oder Rassismus?

Eine lange Tradition der sozialpsychologischen Vorurteilsforschung liefert mit psychoanalytisch und sozialisationstheoretisch orientierten Konzepten Erklärungsansätze zu Genese, Funktionen und Wirkungsweise von Vorurteilen für Individuen und Gruppen[69]. Diese als „Fremdenangst" und „Xenophobie" in Erscheinung tretenden Vorurteile wurden insbesondere in der Erforschung des „Rechtsradikalismus" und „Rechtsextremismus" von Jugendlichen in den 1990er Jahren breit rezipiert, als in mehreren Staaten Europas auch zur Tat übergegangen wurde. Nach den Entrüstungsstürmen über die rassistisch motivierten Angriffe bleiben vielfach nur die Namen der Orte in trauriger Erinnerung. Beispielhaft genannt werden könnten hier: Rostock in Deutschland, Oberwart in Österreich, Ambrus in Slowenien.

Ergebnisse sozialpsychologischer Analysen sind vorrangig individuumszentriert, auch wenn sie auf gesellschaftliche Zusammenhänge angewendet werden. Die psychische Ausgangslage wird in diesen Forschungsansätzen überwiegend als krisenhaft in einem sozialen Kontext verortet, der mit einer deprivilegierten und marginalisierten sozialen Position von Menschen in Verbindung gebracht wird und bietet damit Anknüpfungspunkte für sozialarbeiterische oder polizeiliche Maßnahmen. Als Grundannahme kann vor dem Hintergrund dieser Perspektiven davon ausgegangen werden, es handle sich um eine „falsche Form" der Wahrnehmung einiger Weniger. Dadurch werden

---

67 Jäger, Siegfried/Jäger, Margarete: Das Dispositiv des Institutionellen Rassismus, in: Demirović, Alex/Bojadžijev, Manuela (Hg.Innen): Konjunkturen des Rassismus, Münster 2002, S. 218.
68 Guillaumin, Colette: Rasse. Das Wort und die Vorstellung, in: Bielefeld, Uli (Hg.): Das Eigene und das Fremde. Neuer Rassismus in der alten Welt?, Hamburg 1991, S.159–173.
69 Scherschel, Karin: Rassismus als flexible symbolische Ressource. Eine Studie über rassistische Argumentationsfiguren, Bielefeld 2006, S. 16ff.

Strategien der „Veraußergewöhnlichung"[70] verschiedener Erscheinungsformen rassistischer Ausgrenzung gestützt.

Es stellt sich also die Frage, in welchem Verhältnis die individuumszentrierte Forschungsperspektive sozialpsychologischer Ansätze und die gesellschaftszentrierte Perspektive kritischer sozialwissenschaftlicher Theorien zueinander stehen und es wäre voreilig sie als unvereinbar gegenüberzustellen. Maya Nadig formuliert in ihrer Analyse der antisemitisch motivierten Ausschreitungen von Skins in Rostock, „wie unterschiedliche psychische und gesellschaftliche Prozesse auf komplexe Art zusammenwirken, um ein solches Ereignis zu produzieren"[71]. Sie benennt konkret die psychischen Prozesse, die in den Skins als Subjekten ablaufen, die gruppendynamischen Prozesse der Skinheads, die gesellschaftliche Dynamik, d.h. die psychosozialen Prozesse, die zwischen Familie und Öffentlichkeit ablaufen. Weiters benennt sie politische und ökonomische Prozesse als die relevanten Dimensionen, die sinnvollerweise nicht gegeneinander gestellt werden sollten[72]. Fragwürdig sind jedoch prädeterminierte Modelle kollektiver Identität, die der Völkerpsychologie und „kulturalistischen" Sozialpsychologie zugrunde gelegt werden[73].

Die Hauptkritikpunkte an sozialpsychologischen Erklärungsansätzen können damit zusammengefasst werden, dass mit der Fokussierung auf die Schauplätze innerer Konflikte von Individuen, die Ebene der Gesellschaft nicht ausreichend Berücksichtigung findet. Die bevorzugte Verwendung von Begriffen wie „Xenophobie", „Fremdenfeindlichkeit" oder „Fremdenangst" bringt die soziale und politische Diskriminierung von (bestimmten) ImmigrantInnen mit entsprechenden Ängsten und Emotionen in der Bevölkerung in Zusammenhang. Sie bieten aber keine ausreichenden Erklärungen für die Reproduktion von „Fremdheit" und Machtungleichheit zwischen „Mehrheiten" und „Minderheiten" in und durch nationalstaatliche Strukturen[74]. Problematisch bleibt weiters, dass abstrakte Interpretationen, die sich an der Ablehnung der „Anderen" orientieren, so tun, „als wäre Andersheit ein apriorischer Tatbestand"[75] und reproduzieren damit einen Teil des rassistischen Diskurses.

---

70   Ebenda, S. 24f.
71   Nadig, Maya: Die Ritualisierung von Haß und Gewalt im Rassismus, in: Balke, Friedrich u.a. (Hg.Innen): Schwierige Fremdheit. Über Integration und Ausgrenzung in Einwanderungsländern, Frankfurt am Main 1993, S. 266.
72   Ebenda.
73   Balibar, Étienne: Sind wir Bürger Europas? Politische Integration, soziale Ausgrenzung und die Zukunft des Nationalen, Hamburg 2003, S. 54.
74   Çinar, Dilek: Alter Rassismus im neuen Europa? Anmerkungen zur Novität des Neo-Rassismus, in: Kossek, Brigitte (Hg.in): Gegen-Rassismen. Konstruktionen – Interaktionen – Interventionen, Hamburg/Berlin 1999, S. 58f.
75   Balibar, Étienne: Gibt es einen „europäischen Rassismus"? Elemente einer Analyse und einer Handlungsorientierung, in: Friedrich Balke, u.a. (Hg.Innen): Schwierige Fremd-

2.2.2 Die Brauchbarkeit des Rassismusbegriffs

Der Begriff „Rassismus" läuft im Hinblick auf eine exakte definitorische Festlegung stets Gefahr, unterschiedliche historische Erscheinungsformen rassistischer Diskriminierungen außer Acht zu lassen. Rassismus kann zunächst als „Begriff der Empörung" gefasst werden, „der das Unsägliche zum Ausdruck bringt, erklärt aber noch nicht, was er verurteilt und bleibt damit problematisch."[76] Für ein erweitertes Verständnis von Rassismus jenseits biologistisch argumentierter Unterschiede spricht dennoch die Paradoxie, dass die wissenschaftlich erforschten „Rassen" nicht existieren, aber Rassismen in sozialen Praxen mittels ideologischer Diskurse produziert werden, die immer dann wirksam werden, „wenn die Produktion von Bedeutungen mit Machtstrategien verknüpft sind und diese dazu dienen, bestimmte Gruppen vom Zugang zu kulturellen und symbolischen Ressourcen auszuschließen"[77].

In seiner historischen Analyse des Begriffes hat Robert Miles darauf hingewiesen, dass die Ideologie, die wir heute „Rassismus" nennen, im 18. und 19. Jahrhundert formuliert, systematisiert und auch bereits in Frage gestellt wurde. Die Verbreitung des Wortes „Rassismus" selbst ist aber jüngeren Datums und wird mit Magnus Hirschfelds Buch mit dem Titel *„Racism"*, das 1938 erschienen ist, in Verbindung gebracht[78]. Das Auftauchen des Begriffes stellt Miles in den Kontext der Entstehung einer breiten Opposition gegen den deutschen Faschismus, der einen wichtigen politischen und ideologischen Bruch in der europäischen Geschichte darstellte. Seither bezeichnet er eine „Sache", die als verabscheuungswürdig gilt[79].

Die Verbannung des Begriffes „Rasse" – insbesondere aus dem deutschsprachigen wissenschaftlichen Diskurs nach dem Ende des Nationalsozialismus 1945 – kann als Ausdruck des Bemühens verstanden werden, den Glauben an den endgültigen Bruch mit rassistischen Traditionen aufrecht zu erhalten[80]. Mit der Diskreditierung der „Rassentheorien" waren jedoch die auf solchen Theorien basierenden Rassismen nicht abgeschafft, es fanden sich „neue" Wege, um die „alten" Bedeutungen auszudrücken[81]. Die sowohl mit der Ver-

---

heit. Über Integration und Ausgrenzung in Einwanderungsländern, Frankfurt am Main 1993, S. 123.
76 Balke, Friedrich u.a. (Hg.Innen): Schwierige Fremdheit. Über Integration und Ausgrenzung in Einwanderungsländern, Frankfurt am Main 1993, S. XV.
77 Hall, Stuart: Rassismus als ideologischer Diskurs, in: Das Argument, Jg. 31, Nr. 178/1989, S. 913.
78 Miles, Robert: Die Idee der „Rasse" und Theorien über Rassismus: Überlegungen zur britischen Diskussion, in: Bielefeld, Uli (Hg.): Das Eigene und das Fremde. Neuer Rassismus in der Alten Welt?, Hamburg 1991, S. 190.
79 Ebenda, S. 191.
80 Çinar: Alter Rassismus im neuen Europa?, S. 58f.
81 Miles: Die Idee der „Rasse" und Theorien über Rassismus, S. 195.

meidung bzw. polemischen Verwendung des Begriffes „Rassismus" zur Diskreditierung politischer Gegner verbundene Oberflächlichkeit der Auseinandersetzung kann aber als weitere Erklärung herangezogen werden, warum aktuelle Erscheinungsformen von Rassismus nicht als solche benannt werden.

Die Veränderungen des Begriffes vom wissenschaftlich (biologisch) begründeten Rassismus, hin zu einem erweiterten Verständnis von Rassismus, kommen in Begriffen wie „Neorassismus", „Kulturrassismus" oder „Rassismus ohne Rassen" zum Ausdruck. Die Konzepte der im 19. Jahrhundert formulierten Rassentheorien und davon abgeleiteten Hierarchisierungen zwischen verschiedenen „Menschenrassen" wurden im naturwissenschaftlichen Diskurs in der simplifizierten Form aufgegeben. Die Kategorie „Rasse" wird jedoch weiter als „wissenschaftliches" Analysekriterium in den Naturwissenschaften und als „juristische Fiktion" in Gesetzen und internationalen Konventionen verwendet[82].

Rassistische Ausschlusspraxen erfolgen über somatische Merkmale oder auch durch kulturell definierte Unterschiede, worauf der Begriff des „kulturellen Rassismus" abzielt, der die Verschiebung von der Biologie zur Kultur als Ausgrenzungslegitimation zum Ausdruck bringt. Bezeichnend für solche symbolischen Ausschließungen ist, dass sie neben dem Ausschluss von materiellen und kulturellen Gütern auch die Funktion haben, die zuvor konstruierten Gruppen „aus der Familie der Nation" auszuschließen, indem sie mit den zugesprochenen „natürlichen" Charakteristika das Gegenteil jener Tugenden verkörpern, die die Identitätsgemeinschaft auszeichnet[83].

Stuart Hall definiert Rassismus als soziale Praxis, bei der biologische Merkmale zur Klassifikation bestimmter Bevölkerungsgruppen herangezogen und dann zu Bedeutungsträgern innerhalb des Diskurses der Differenz gemacht werden[84]. In der Hypothese von der „institutionellen Struktur des Rassismus" kommt noch deutlicher zum Ausdruck, wie sich diese Praxis „verstaatlicht" und auch über die Konstituierung von StaatsbürgerInnenschaft realisiert wird. Sie ermöglicht ein Verständnis dafür, wie sich Rassismus hinter Gesetzen und Normen verschanzt und als administrative Praxis rechtmäßig erscheinen kann[85]. Offensichtliche Diskriminierungen werden als „Einzelfälle" qualifiziert, womit die Frage nach den strukturellen Machtverhältnissen ausgespart bleibt.

---

82 Cremer, Hendrik: Zur Problematik des Begriffs „Rasse" in der Gesetzgebung, http://www.migration-boell.de/web/diversity/48_1971.asp (01.09.2009).
83 Hall: Rassismus als ideologischer Diskurs, S. 919.
84 Ebenda, S. 913.
85 Jäger/Jäger: Das Dispositiv des Institutionellen Rassismus, S. 218.

2.2.3 Von der institutionellen Struktur des Rassismus

Étienne Balibar hat seine ideologietheoretische Analyse in einer kritischen Auseinandersetzung mit Louis Althusser entwickelt und gelangt so zu einer von Marx abweichenden Vorstellung vom Klassenkampf, der nicht weiter als Auseinandersetzung bestehender Einheiten, sondern als Prozess zu verstehen ist, der durch die Strukturen der Gesellschaft wirkt. Ideologien sind in diesem Verständnis nicht mehr als „falsches Bewusstsein von den realen Verhältnissen", sondern als Produkt „ideologischer Staatsapparate" zu verstehen. Dieser Hinweis auf das Verhältnis von Ideologie und Staatsapparaten, die durch sie repräsentierende Institutionen realisiert und reproduziert werden, ermöglicht eine Verbreiterung der Analyse sozialer Kampffelder, die sich nicht mehr auf den Bereich ökonomischer Verhältnisse beschränken, sondern wahrnehmbar machen, dass die politischen Kämpfe gleichzeitig an „nationalen, religiösen, kulturellen und geschlechtlichen Fronten"[86] stattfinden.

Balibar kommt es darauf an „Leitfäden einer historischen Analyse der Bestandteile des aktuellen Rassismus und seiner Reproduktionsgrundlagen" zu finden[87]. Insbesondere die Annahme einer wechselseitigen Implikation von Rassismus und Nationalismus ermöglicht es, die „Verwandlungstaktik" des Rassismus und der Abhängigkeit konkreter Formen und Wirkungen der Nationalismen mit der Stellung, die seine TrägerInnen in den ökonomischen und politischen Herrschaftsstrukturen einnehmen, in Beziehung zu setzen[88].

> Nicht jeder Rassismus ist ein staatlicher, offizieller Rassismus, aber jeder Rassismus ist (auch als Pathologie) in der Struktur der Institutionen und im bewußten oder unbewußten Verhältnis der Individuen und der Massen zu diesen Institutionen verankert. Bestimmend wird deshalb der Widerspruch zwischen der egalitären Form und den nicht egalitären Mechanismen dieser Institutionen, allen voran des Staates, der Widerspruch mithin zwischen Staatsbürgertum und Subjektion. Von hierher erschließt sich die je spezifische Geschichte einer jeden Nation und einer jeden Epoche. Von dieser spezifischen Geschichte nämlich hängt es ab, wie der Rassismus sich mit dem Nationalismus verknüpft.[89]

In dieser Beschreibung der Wirkungsweise des strukturellen Rassismus sind mehrere Anknüpfungspunkte für konkrete Analysen enthalten. Für die in dieser Arbeit gestellten Fragen sind einerseits die nähere Bestimmung des Widerspruches zwischen der egalitären Form und den nicht egalitären Mechanismen

---

86 Reitz, Tilman: Die Politik der Menschenrechte. Étienne Balibar, in: Flügel, Oliver/Heil, Reinhard/Hetzel Andreas (Hg.): Die Rückkehr des Politischen. Demokratietheorien heute, Darmstadt 2004, S. 114.
87 Balibar: Die Grenzen der Demokratie, S. 63.
88 Ebenda.
89 Balibar. Die Grenzen der Demokratie, S. 9.

der Institutionen und andererseits der Widerspruch zwischen StaatsbürgerInnentum und Subjektion zentral.

Balibar begründet mit seiner Hypothese von der institutionellen Struktur des Rassismus, dass es ein Zusammenspiel zwischen dem praktischen Rassismus und den rassistischen Theorien in allen verschiedenen Varianten gibt[90]. Es genügt aber weder anzunehmen, dass der Rassismus von Individuen oder Theorien die „Institutionen" durchdringt noch umgekehrt, Rassismus als ideologischen Effekt zu verstehen, der von der Gesellschaft zum Staat geht. Balibar betont die Bedeutung von Projektionen, die für die Ausprägung der institutionellen Struktur des Rassismus wesentlich sind. Das äußert sich zum Beispiel darin, dass der Staat oder seine Sprecher, wenn sie mit Rassismus konfrontiert werden, der Gesellschaft eine rassistische Haltung zuschieben und sich selbst als ohnmächtig gegenüber der öffentlichen Meinung präsentieren[91]. Eine solche Haltung wurde auch dem slowenischen Staatspräsidenten Janez Drnovšek vorgeworfen, der bei der Klärung der Situation der „Ausgelöschten" die Rhetorik und Argumentation der nationalen Opposition übernommen hatte und sich gleichzeitig staatsmännisch neutral zeigte[92].

Es ist also nicht zentral, ob es sich bei den FunktionärInnen und BeamtInnen des Staatsapparates um RassistInnen handelt, sondern dass die Praxen der Diskriminierung und Entwürdigung von zuvor „ethnisch", „rassisch" oder „national" abgestempelten EinwohnerInnen mehrheitlich durch Verwaltungsakte wirksam werden und zwar auf allen Ebenen, „von der Gemeindeverwaltung bis zu den Staatsorganen, insbesondere Polizei und Justiz, das heißt den völlig ungebundenen Behörden"[93]. Balibar spricht von einer imaginären Delegation, der BürgerInnen an die sie repräsentierenden BeamtInnen, „dienstlich" jene Absonderungen nach tendenziell rassistischen Kriterien (Aussehen, Personalausweis, Name, verwendete Sprache usw.) vorzunehmen[94], welche aus Sicherheits- oder sonstigen Erwägungen wichtig erscheinen.

Die Hypothesen Balibars bestechen in der Analyse der administrativen „Beseitigung" tausender BewohnerInnen Sloweniens aus dem „Volkskörper" in mehrfacher Hinsicht durch ihre „Pünktlichkeit". Ich greife den Begriff der Pünktlichkeit auf, da Balibar selbst seine methodische Herangehensweise daraufhin ausrichtet:

---

90 Ebenda: S. 67.
91 Ebenda.
92 Krivic, Matevž: Janša, Peterle, Drnovšek – in Poncij Pilat... [Janša, Peterle, Drnovšek – und Pontius Pilatus...], in: Mladina, št. 51/2003, http://www.mladina.si/tednik/200351/clanek/slo-kolumna--matevz_krivic/ (04.06.2006).
93 Balibar: Die Grenzen der Demokratie, S. 68.
94 Ebenda.

...Und schließlich ist es (ab und zu) nötig, seine Versuche und Irrtümer publik zu machen, damit man bestimmte Hypothesen in der Schwebe halten, die „Schlußfolgerungen" gewissermaßen aufschieben kann. Man muß versuchen, auf diese Weise nach Möglichkeit nicht etwa den Ereignissen selbst, wohl aber ihrer Interpretation hinterherzuhinken, nur so kann man ab und an „pünktlich" sein, zur rechten Zeit den Augenblick und die Notwendigkeiten der Politik treffen.[95]

Begründen lässt sich die „Pünktlichkeit" der Thesen Balibars auf die Situation der „Ausgelöschten" in mehrfacher Weise. Zum einen ist es die unumstößliche Verortung Jugoslawiens in Europa bis zur möglichen Konsequenz, dass die Idee von Europa sich in Jugoslawien „suizidiert" haben könnte[96]. Die Kriege in Jugoslawien in den 1990er Jahren und auch der Zerfall der SFRJ werden als prägende Faktoren für die zukünftige Entwicklung Europas und dessen politische Integration angesehen. Damit nimmt die Analyse einen Ausgangspunkt, bei dem die Integrationsforschung unter dem Motto der „Rückkehr nach Europa" nicht ankommen kann. Mit der selbstverständlichen Verortung Jugoslawiens in Europa geht auch der Verweis auf die notwendige Berücksichtigung der *longue durée* einher, die die Bedeutung der Revolutionsmetapher in Bezug auf das Jahr 1989 relativieren und den Blick auf bestehende Kontinuitäten bzw. verdrängte historische Bezüge eröffnet.

Weitere theoretische Anknüpfungspunkte bieten die Thesen zu Nation und „Staatsbürgertum" sowie der Bedeutung von „fiktiver Ethnizität"[97] bei der Konstituierung von Nationalstaaten. Mit fiktiver Ethnizität bezeichnet Balibar die „durch den Nationalstaat geschaffene Gemeinschaft", die keine Illusion, sondern eine Konstruktion, die Analogien zur *persona ficta*, der juristischen Tradition aufweist. Die Begründung von Ethnizität wird aber nicht als Fiktion, sondern als höchst naturhafter Prozess wahrgenommen. Als die beiden konkurrierenden Wege Ethnizität zu konstruieren stellt Balibar die „Sprache" und die Vorstellung von „Rassen" in den Vordergrund[98]. Davon lassen sich die wechselseitigen Implikationen des Rassismus und des Nationalismus ableiten. Das Konstitutive des Rassismus für den Nationalismus ist jedoch nicht als funktionalistischer Mechanismus zu verstehen[99]. Es gibt daher auch nicht einen „invarianten Nationalismus", sondern verschiedene historische Formen. Rassistische Konfigurationen haben keine festen Grenzen, sie realisieren sich

---

95 Ebenda, S. 6.
96 Balibar, Étienne: Der Schauplatz des Anderen. Formen der Gewalt und Grenzen der Zivilität, Hamburg 2006, S. 257.
97 Balibar, Étienne/Wallerstein Immanuel: Rasse – Klasse – Nation, Hamburg/Berlin 1990, S. 118.
98 Ebenda, S. 119.
99 Balibar: Die Grenzen der Demokratie, S. 63f.

vor dem Hintergrund konkreter historischer Umstände und gesellschaftlicher Kräfteverhältnisse[100].

2.2.4 Rassismus in Europa

Die Entwicklung in Europa nach der „Revolution von 1989" hat auch zu einer Steigerung der kollektiven rassistischen Gewalttaten geführt, mit denen in einem europäischen Land nach dem anderen die Schwelle des „Übergehens zur Tat" überschritten wurde. Zielscheibe der Angriffe waren überwiegend „ausländische Arbeitnehmer" und „Flüchtlinge" – insbesondere aus dem „Süden"[101]. Sie richteten sich aber zuweilen auch gegen einen Teil der „europäischen" bzw. „nationalen" Bevölkerungen, die „im wesentlichen des Status von Zugezogenen, Nicht-Ansässigen" hatten[102]. Balibar stellt fest, dass der Rassismus, insbesondere soweit er sich vor allem gegen ausländische ArbeitnehmerInnen richtet, die aus der vormals kolonialen oder halbkolonialen Welt kommen, ein Phänomen ist, das in Europa lange Tradition hat. Was sich verändert hat ist, dass dieses Phänomen dadurch sichtbar geworden ist, dass es aus der mehr oder weniger „gettoähnlichen Sphäre der Arbeit"[103], herausgetreten ist. Balibar spricht damit gleichzeitig zwei Dimensionen des komplexen Phänomen des Rassismus an, das er an anderer Stelle als den „externen Rassismus" theoretisiert hat[104], der sich gegen „externe" Gruppen wendet, die seit langem integriert sind und gleichzeitig auch gegen „interne" Gruppen, die zuvor „rassifiziert" oder mit verschwommen Kategorien wie „Nichtdazugehörige", „Einwanderer" oder „Migranten" zusammengefasst wurden. Bedenkenswert ist insbesondere auch bei der Analyse der Konstruktion der Gruppe der „Ausgelöschten" die Betonung der oft geringen „kulturellen Unterschiede", die als unüberwindbare Hindernisse für das Zusammenleben dargestellt werden[105].

---

100 Ebenda.
101 Balibar: Gibt es einen „europäischen Rassismus"?, S. 121.
102 Ebenda.
103 Balibar: Ebenda, S. 122.
104 Balibar: Die Grenzen der Demokratie, S. 64.
105 Balibar: Gibt es einen „europäischen Rassismus"?, S. 122.

> „Wann der Krieg beginnt, das kann man wissen, aber wann beginnt der Vorkrieg
> Falls es da Regeln gäbe, müßte man sie weitersagen
> In Ton, in Stein eingraben, überliefern
> Was stünde da
> Da stünde, unter anderen Sätzen:
> Laßt euch nicht von den Eignen täuschen."
>
> Christa Wolf [106]

3 Historisch-politische Koordinatenbestimmungen

Auf die kontrovers geführten Debatten hinsichtlich der Ursachen und der Gewichtung verschiedener zusammenwirkender Faktoren, die schließlich zur Auflösung der SFRJ geführt haben, wurde bereits hingewiesen. Diese Kontroversen setzten sich bei der Beurteilung der Staatsbildungsprozesse der Nachfolgestaaten der SFRJ und den Anerkennungspolitiken europäischer AkteurInnen fort. Für die hier zu klärende Frage ist es zunächst zweckmäßig einige Eckpunkte der politischen, sozialen und ökonomischen Veränderungen zu skizzieren, da sie auch die Rahmenbedingungen für die Entstehung der Republik Slowenien 1991 und damit auch der „unrühmlichen Transitionsgeschichte"[107] der „Ausgelöschten" darstellen. Dies soll Anknüpfungspunkte für eine Analyse bieten, die gesellschaftspolitische Entwicklungen mit einbeziehen will.

3.1 Das bröckelnde Zentrum

Der Tod Titos im Jahr 1980 gilt als „Symbol der Zäsur"[108] für die Entwicklung Jugoslawiens. Das „politische bzw. ideologische Vakuum" und die gesellschaftlichen Veränderungen nach dem Ableben der „Partisanengeneration" konnten durch institutionelle Reformen, wie der Einsetzung eines Staatspräsidiums, in

---

106 Wolf, Christa: Kassandra. Erzählung, Frankfurt am Main 1989, S. 78.
107 Konec farse z izbrisanimi v mesecu ali dveh? [Ein Ende der Farce um die Ausgelöschten binnen ein oder zwei Monaten?], http://www.delo.si/clanek/o118275 (06.05.06).
108 Hösler, Joachim: Slowenien. Von den Anfängen bis zur Gegenwart, Regensburg 2006, S. 197.

dem alle VertreterInnen der sechs Teilrepubliken und der beiden autonomen Gebiete vertreten waren, nicht ausgeglichen werden[109].

Die Auswirkungen der ökonomischen Krise (Inflation, Ölschock, Auslandsverschuldung) zeigten sich nach dem Tod Titos in ihrem vollen Ausmaß und es gelang unter diesen Voraussetzungen nicht mehr, Reformen über die Redefinition und Anpassung des sozialistischen Systems zu erreichen, wobei regelmäßig auch auf den Einfluss „externer" Faktoren verwiesen wird. Die politischen Eliten der einzelnen Teilrepubliken reagierten unterschiedlich auf die sinkende Chance einer Lösung der ökonomischen Krise im Rahmen der gegebenen Strukturen. Von Sloweniens kommunistischer Partei wurden Forderungen nach mehr Autonomie innerhalb Jugoslawiens gestellt und gleichzeitig eine gewisse politische Liberalisierung zugelassen, mit der die Loyalität der Bevölkerung gewonnen werden sollte[110]. Dies äußerte sich in einer verringerten ideologischen Kontrolle sowie erweiterten Artikulationsmöglichkeiten im kulturellen Bereich und im Entstehen sozialer Bewegungen[111].

Bis zum Aufstieg Milosevics 1987 verliefen die politischen Konflikte zur Bewältigung der Krise zwischen den Teilrepubliken und deren konkurrierenden politischen Eliten vor dem Hintergrund eines doppelten Gegensatzes. Verallgemeinernd können diese als Lösungen zwischen Liberalisierung und Einschränkung von Autonomie auf der einen Seite und Erhalt bzw. Ausbau der föderalen Strukturen versus Rezentralisierung auf der anderen Seite beschrieben werden[112]. Die Zuspitzung des Konfliktes zwischen Serbien und Slowenien in der zweiten Hälfte der 1980er Jahre kann diesen Konfliktachsen geradezu exemplarisch zugeordnet werden. Sloweniens politische Elite strebte eine partielle Liberalisierung und eine konföderative Verfassung an, während Serbien eine Rezentralisierung unter serbischer Hegemonie durchsetzen wollte[113].

Jens Reuter hat diese Entwicklung als vordergründige Verschiebung von einem Konflikt um die Verfassungsfrage zu einem Nationalitätenkonflikt bezeichnet[114], der sich vor dem Hintergrund der diametral entgegengesetzten Lösungsansätze der kommunistischen Parteiführungen Sloweniens und Serbiens entfaltete. Die Verbindung von ökonomischen und sozialen Aspekten der Entwicklung zeigte sich auch darin, dass die Forderungen nach der Verbesse-

---

109 Ebenda, S. 197f.
110 Bernik, Ivan: Der Übergang von der heroischen in die prosaische Etappe. Slowenien, in: Pradetto, August (Hg.): Die Rekonstruktion Ostmitteleuropas. Politik, Wirtschaft und Gesellschaft im Umbruch, Opladen 1994, S. 124.
111 Ebenda, S. 124f.
112 Ramet, Sabrina P.: The Three Yugoslavias. State-Building and Legitimation. 1918 – 2005, Bloomington 2006, S. 332f.
113 Ebenda.
114 Reuter, Jens: Vom ordnungspolitischen zum Nationalitätenkonflikt zwischen Serbien und Slowenien, in: Südosteuropa Jg. 39, Nr. 10/1990, S. 571.

rung des Lebensstandards im Verlauf der 1980er Jahre zunehmend stärker mit den Forderungen nach politischer Liberalisierung verbunden wurden und auch den Hintergrund für die Neuauflage der Verfassungsfrage darstellten. Die Verknüpfung der nationalen Frage mit wirtschaftlichen Verteilungskämpfen war kein Novum und löste vor dem Hintergrund des „Nord-Süd-Gefälles" starke Interessenkonflikte zwischen den „reichen" und „armen" Republiken aus[115]. Die wirtschaftliche Krise reaktivierte dieses Konfliktpotenzial, jedoch konnte ein Ausgleich nicht mehr im Rahmen einer gesamtjugoslawischen Lösung erreicht werden, da die Reformierbarkeit des Systems angesichts wachsender Unzufriedenheit und ökonomischer Stagnation in Frage gestellt wurde[116].

Auch die außenpolitische Ausrichtung der SFRJ änderte sich bereits in den 1980er Jahren. In den Zeiten des Ost-Westgegensatzes hatte Jugoslawien eine Sonderrolle eingenommen, die nun vor dem Hintergrund dieser Veränderungen einer Neudefinition bedurfte. Die Doktrin der Blockfreiheit war auch in Jugoslawien zunehmend umstritten, da sie absehbarer Weise in die politische und wirtschaftliche Isolation zu führen drohte. Es kam in der Folge zu einer Modifizierung dieser Doktrin und zur Verlagerung der außenpolitischen Interessen nach Europa.[117]

Jože Mencinger bezeichnete die staatliche Unabhängigkeit Sloweniens als *„emergency exit condition"* für die makroökonomische Stabilisierung[118] und hob – entgegen der „populistischen" Behauptung, Slowenien sei von den anderen Republiken ausgebeutet worden – strategische Argumente für die Sezession Sloweniens hervor. Insbesondere bessere Perspektiven für eine Transformation in Richtung Marktwirtschaft und eine bessere Chance Sloweniens auf eine Integration in Europa standen als Überlegungen im Vordergrund[119]. Die Unabhängigkeit wurde zunehmend als „notwendige Voraussetzung" für die Sicherung der Interessen Sloweniens und Bewahrung der „nationalen Identität" im Zuge einer Integration in Europa betrachtet, die im Verbund eines jugoslawischen Staates als nicht mehr gewährleistet angesehen wurden[120].

---

115 Sundhaussen, Holm: Experiment Jugoslawien: Von der Staatsgründung bis zum Staatszerfall, Mannheim u.a. 1993, S. 119 ff.
116 Reuter, Jens: Jugoslawiens Stellung in Europa, in: Südosteuropa, Jg. 39, Nr. 6/1990, S. 351f.
117 Ebenda.
118 Mencinger, Jože: Costs and Benefits of Secession, in: Fink-Hafner, Danica/Robbins, John: Making a new Nation: The Formation of Slovenia, Aldershot 1997, S. 204.
119 Ebenda, S. 205.
120 Radan, Peter: The Break-up of Yugoslavia and International Law, London/New York 2002, S. 167.

3.1.1 Polyphone Zivilgesellschaften

Der Prozess der Desintegration der SFRJ spiegelte sich auch in politischen Veränderungen in Ost- bzw. Südosteuropa in den 1980er Jahren wider, die in der „dramatischen" Umgestaltung der politischen Geografie Europas in den Jahren nach 1989 kulminierten. Ungeachtet der Tatsache, dass sich das Jahr 1989 als „Zeitenwende" in der Bestimmung historischer Epochen durchgesetzt hat, wird mit dieser Fixierung die Bedeutung der gesellschaftlichen und politischen Veränderungen vor der „Revolution" verwischt und Fragen nach bestehenden Kontinuitäten werden in den Hintergrund gedrängt.

Die Entstehung von Zivilgesellschaften, deren AkteurInnen politische Handlungsoptionen einforderten und nutzten, hat maßgeblich zum Ende der autoritativen politischen Systeme beigetragen. Die Dynamisierung gesellschaftlicher Entwicklungen verlief in den einzelnen Ländern Ost- bzw. Südosteuropas sehr unterschiedlich, was von der Außenperspektive auf das Sammelphänomen „Zivilgesellschaft" zunächst kaum differenziert wurde. Die Mehrdeutigkeit des Begriffes der „Zivilgesellschaft" liegt zum einen darin, dass unterschiedliche Konzepte von Zivilgesellschaft verhandelt wurden und zum anderen schienen diese Debatten in der politikwissenschaftlichen Transformationsforschung zunächst die Funktion „verdeckter Demokratietheorie" zu erfüllen[121].

Ein wichtiger Impuls für den gesellschaftlichen und politischen Wandel in Slowenien ging von der zu Beginn der 1980er Jahre entstandenen und sich in den folgenden Jahren zur „Alternative" entwickelnden oppositionellen Bewegungen aus, die sehr heterogene Ziele verfolgten. Beschleunigt und stimuliert wurde diese gesellschaftspolitische Entwicklung durch die repressive Haltung der jugoslawischen Regierung gegenüber den weiteren Autonomieforderungen im Kosovo zu Beginn 1981[122]. Die beabsichtigte Vereinheitlichung von Kultur- und Bildungspolitik, die solcherlei Bestrebungen hintanhalten sollten, führte in der Folge auch in Slowenien zur Mobilisierung intellektueller und zivilgesellschaftlicher Gruppen, die sich für die „slowenische nationale Identität" einsetzten, wobei die Sprache eine wichtige Rolle spielte[123].

Die Sprachpolitik bildete seit den 1950er Jahren die Konflikte zwischen dem föderalen Selbstverwaltungsprinzipien und dem zentralistischen Integralismus ab, wobei das Pendel unaufhörlich zwischen Unitarismus auf der einen Seite sowie Dezentralismus und Separatismus auf der anderen Seite hin und

---

121 Kreisky/Sauer (Hg.innen): Geschlechterverhältnisse im Kontext politischer Transformation, S. 36f.
122 Hösler: Slowenien, S. 199.
123 Melčić, Dunja: Zwischen Pluralismus und Denkdiktat. Die Medienlandschaft, in: Dies. (Hg.in): Der Jugoslawien-Krieg. Handbuch zu Vorgeschichte, Verlauf und Konsequenzen, Wiesbaden 2007, S. 314.

her schwankte[124]. Unabhängig vom 1974 verfassungsmäßig garantierten gleichberechtigten Gebrauch aller Sprachen in der SFRJ war die Verwendung der slowenischen Sprache auf das Gebiet Sloweniens beschränkt, während Serbokroatisch eine „*hidden second language*"[125] darstellte und insbesondere im Bereich der Administration auf Bundesebene und in der Armee standardmäßig verwendet wurde. Dies löste Befürchtungen aus, dass der Bedeutungsverlust der slowenischen Sprache zu einem Verlust der „nationalen Identität" führen könnte und drückte sich einerseits in einer Unzufriedenheit mit der Föderation und andererseits in einer breiten Zustimmung zum nationalen Projekt aus[126]. Dieses Verhältnis änderte sich nach der staatlichen Unabhängigkeit der Republik Slowenien[127]. Slowenisch wurde als offizielle Sprache im Artikel 11 der Verfassung verankert. Das im Art. 62[128] formulierte Recht auf den Gebrauch der eigenen Sprache „auf gesetzlich festgelegte Weise" erhöhte indes die Bedeutung der Sprachenpolitik[129]. Serbokroatisch verschwand ab 1992 sukzessive aus den Lehrplänen und wurde in die „Privatsphäre" verdrängt[130]. Zunehmend wurden die verwendete Sprache, der Akzent, der Name einer Person zu Distinktionsmerkmalen für die Klassifizierung der „Nichtslowenen", „neuen Fremden", „Südländern" und „Roma" und bildeten die Grundlage für rassistische Ausgrenzungen und Diskriminierungen[131]. Es gab bereits vorher soziale Hierarchisierungen und Diskriminierungen von ArbeitsmigrantInnen

---

124 Okuka, Miloš: Eine Sprache – viele Erben. Sprachpolitik als Nationalisierungsinstrument in Ex-Jugoslavien, Klagenfurt u.a. 1998, S. 77.
125 Stabej, Marko: Size isn't everything. The relation between Slovenian and Serbo-Croatian in Slovenia, in: The international Journal of the Sociology of Language, no. 183/2007, S. 13.
126 Rotar, Petra: Language issues in the Context of 'Slovenian Smallness', in: Farimah, Daftary/ François, Grin (eds.): Nation-Building, Ethnicity and Language Politics in Transition Countries, Budapest 2003, S. 220ff.
127 Verfassung der Republik Slowenien: Art 11: Die Amtssprache in Slowenien ist Slowenisch. In jenen Gemeindegebieten, in denen die italienische oder ungarische Volksgruppe lebt, ist die Amtssprache auch Italienisch oder Ungarisch, siehe: http://www.us-rs.si/o-sodiscu/pravna-podlaga/ustava/i-splosne-dolocbe/?lang=2 (12.04.2009).
128 Artikel 62: Recht auf Gebrauch der eigenen Sprache und Schrift: Jedermann hat das Recht, bei der Verwirklichung seiner Rechte und Pflichten sowie in den Verfahren vor Staatsorganen und anderen den öffentlichen Dienst ausübenden Organen die eigene Sprache und Schrift auf die gesetzlich festgelegte Weise zu verwenden, siehe: Ebenda.
129 Stabej: Size isn't everything S. 17ff.
130 Rotar: Language issues in the Context of 'Slovenian Smallness', S. 235.
131 Kuzmanić, Tonči: „Little Creatures form the Balkans", „Beings with a halfroof over their heads" & „Revocation of Citizenship" in: Ders.: Hate Speech in Slovenia. Sovenian Racism, Sexism and Chauvinism, Ljubljana 1999, S. 39 – 43.

aus den südlichen Teilrepubliken[132], die nun mittelbar über die Sprachpolitik legitimiert wurden.

Der „slowenische Sonderweg" in den 1980er Jahren wurde in den anderen Republiken als *„Slovenački sindrom"*[133] [„Slowenisches Syndrom"] bezeichnet, das vor allem für die politische Führung in Belgrad zunehmend zum „slowenischen Problem" wurde. Sabrina Ramet führt in diesem Zusammenhang insbesondere die Bedeutung des Künstlerkollektivs „Neue Slowenische Kunst" (NSK), die Alternativbewegung (Friedensbewegung, feministische Gruppierungen, Anti-Atombewegung) sowie die Präferenz der politischen Elite Sloweniens für konföderative Lösungen als prägnanteste Aspekte dieses vielschichtigen Phänomens an[134].

Im Zusammenhang mit der Entstehung des „slowenischen Frühlings" wird der Punkbewegung eine besondere Bedeutung zugesprochen. Vor dem Hintergrund des „ökonomischen Desasters" unterlag diese musikalische Subkultur in Slowenien einem stärkeren Politisierungsprozess als in anderen europäischen Ländern[135]. Sie stellte jedoch keine explizite Opposition dar, sondern es waren Ausdrucksformen jugendlicher Subkulturen, die unumstößlich scheinende ideologische Positionen des herrschenden Regimes in Frage stellten und die politische Symbolik desavouierte"[136].

Mit dem „politischen Nonkonformismus"[137] provozierten sie das politische „Establishment" und brachten Diskurse über zentrale gesellschaftliche Probleme in Gang, die sich schließlich „verselbständigten". Definitionsgemäß waren die ProtagonistInnen des Punks nicht der *political correctness* verpflichtet und griffen auch auf umstrittene ästhetische Ausdrucksformen zurück, die ihnen mitunter den Faschismusvorwurf einbrachten. Dies gilt insbesondere für die Gruppe „Laibach", die breite Kontroversen ausgelöst hat. Slavoj Žižeks berühmter Aufsatz *„Why are Laibach and NSK no facsists"* gilt dabei noch immer als Ausgangspunkt für eine Auseinandersetzung mit den Phänomenen NSK und

---

132 Bachmaier, Peter: Slowenien und seine Gastarbeiter aus dem jugoslawischen Süden, in: Osteuropa, Jg. 40, Nr. 6/1990, S. A367 – A376.
133 Ramet, Sabrina P.: Nationalism and Federalism in Yugoslavia. 1962 – 1991, Bloomington/Indianapolis 1992, S. 207.
134 Ausführlich zu den verschiedenen Komponenten des KünsterInnenkollektivs und ihrer Bedeutung für den sogenannten „Slowenischen Frühling", Arns, Inka: Neue Slowenische Kunst - NSK: Laibach, Irwin, Gledališče Sester Scipion Nasice, Kozmokinetično Gledališče Rdeči Pilot, Kozmokinetični Kabinet Noordung, Novi Kolektivizem: eine Analyse ihrer künstlerischen Strategien im Kontext der 1980er Jahre in Jugoslawien, Regensburg 2002, S. 117 – 163.
135 Barber-Kersovan, Alenka: Vom „Punk-Frühling" zum „Slowenischen Frühling": Der Beitrag des slowenischen Punk zur Demontage des sozialistischen Wertesystems, Hamburg 2005, S. 280.
136 Ebenda, S. 19.
137 Bernik: Der Übergang von der heroischen in die prosaische Etappe, S. 125.

Laibach[138], die mittlerweile zur arrivierten Kulturszene Sloweniens zählen und gemeinsam mit dem RTV Orchester Slowenien Werke von Richard Wagner reinterpretieren[139].

Aus einer ex-post Betrachtung werden aber noch vielfältigere Bezüge sichtbar, die auf diese spezifische „politische Szenerie" verweisen, in denen KünstlerInnen und AktivistInnen sich artikuliert haben. Die Kunsttheoretikerin Suzana Milevska beschreibt, wie das Nebeneinander bzw. die Verschränkung unterschiedlicher an und für sich unvereinbarer Positionen in spezifischer Weise nachwirken:

> Ich möchte behaupten, dass diese Verschränkung verschiedener politischer Positionen sich noch heute in allen Ländern findet, die sich nach der Auflösung von Jugoslawien herausbildeten, eine Verschränkung, die Probleme für das Engagement in der Sphäre der Politik mit sich bringt. Die Parteien veränderten ihren Namen und tauschten ihre Führer aus, Mitglieder wechselten von einer Partei zu einer anderen und tun dies auch heute noch. Die Nicht-Regierungsorganisationen sind stark in diese chaotische Möchtegern-Demokratie involviert. [...] Die politische Ambivalenz der Vergangenheit vermischte sich mit dem politischen Erwachen in der Gegenwart und mündete in eine sehr spezifische politische Szene.[140]

Die spezifische Situation der Mehrdeutigkeit drückt sich auch in den wandelbaren Karrieren mancher VertreterInnen der Zivilgesellschaft aus. Sie verweist aber auch auf die Tatsache, dass es keine einheitliche Zivilgesellschaft gegeben hat. Es hat einerseits verschiedene Positionierungen der handelnden Personen gegenüber der kommunistischen Partei und der politischen Eliten gegeben[141], andererseits wurden konkurrierende Modelle einer zukünftigen Demokratie verhandelt.

Dass die (dissidenten) Protagonisten ihr zivilgesellschaftliches Engagement besser in politische Funktionen im neuen System umsetzen konnten[142], bestätigte auch die politische Entwicklung in Slowenien. Vlasta Jalušič hat auf den Ausschluss von Frauen hingewiesen, der mit der Remaskulinisierung der Politik einherging. Es bestätigte sich eine historische Erfahrung von Frauen in „revolutionären" Zeiten. „Mit dem Übergang von der Politik der Bürgerinitiativen zum Kampf um die Macht [...] wurde die Zahl der in den konkurrierenden

---

138 Milevska, Suzana: Die inszenierte (Un)Sichtbarkeit, http://eipcp.net/transversal/1202/milevska/de (17.11.2007).
139 Laibach & Radio and Television Orchestra Slovenija: Volkswagner, http://www.visitljubljana.si/de/veranstaltungen/16599/detail.html (02.06.2009).
140 Milevska: Die inszenierte (Un)Sichtbarkeit, siehe: Fn. 138.
141 Ebenda.
142 Kreisky: Vom patriarchalen Staatssozialismus zur patriarchalen Demokratie, S. 13.

Gruppen Frauen immer geringer!"[143] Die „Heroen" der Durchsetzung der politischen Unabhängigkeit Sloweniens waren aber bald darauf auch jene, die die Situation der „Ausgelöschten" in ihren politischen Funktionen zu verantworten hatten bzw. an der raschen Sanierung der „administrativen Panne" hätten mitwirken können. Jener Teil der „Alternative", der im „neuen Slowenien" weiterhin auf der Einhaltung der Menschenrechte beharrte und auch die Anliegen der „Ausgelöschten" wissenschaftlich und aktivistisch unterstützte, brachte damit auch die „alten Helden" symbolisch zu Fall oder zumindest ins Wanken. Daran ist auch die demokratiepolitische Bedeutung des Engagements der AktivistInnen der „Ausgelöschten" zu messen. Sie haben mit der Aneignung öffentlicher Räume mancher Größe der slowenischen (Außen-)Politik das Leben erschwert, indem sie sichtbar und hörbar ihre Rechte einforderten, während diese auf der internationalen Ebene die Existenz des Problems negierten und die demokratiepolitische Bedeutung relativierten.

Die Brisanz der politischen Konstellationen zeigt sich beim Aufeinandertreffen der AktivistInnen der „Ausgelöschten" mit den einstigen „Helden" der Zivilgesellschaft. Eine StudentInnenvereinigung hat im Februar 2008 anlässlich einer Feier zum 20. Jahrestags des Prozesses gegen die „Viergruppe" den ehemaligen Vorsitzenden des „Ausschusses zur Wahrung der Menschenrechte", Igor Bavčar, als Gastredner eingeladen. Auch Aleksandar Todorović erschien mit anderen AktivistInnen und erinnerte den ehemaligen Vorsitzenden des „Ausschusses zur Wahrung der Menschenrechte" an seine spätere Funktion als Innenminister, in der er auch politisch die „Auslöschung" zu verantworten habe. Die Aktion dauerte nur einige Minuten, löste aber entsprechende Irritationen und peinliche Berührtheit im Publikum aus[144].

3.1.2 Mediale Auseinandersetzungen und der Auftritt der „Heroen"

Der „zivilgesellschaftliche" Aufbruch veränderte auch die medialen Auseinandersetzungen über gesellschaftspolitische Themen. Seit Beginn der 1980er Jahre prägten zwei Publikationsorgane die gesellschaftspolitischen Diskurse, die mit unterschiedlichen Beiträgen die politische Transformation Sloweniens entscheidend mitgestalteten.

Die Zeitschrift *Nova revija* stellte ab 1982 jenes Medium dar, in dem Intellektuelle aus verschiedensten Disziplinen Fragen der „slowenischen nationalen Identität sowie deren kultureller und historischer Wirklichkeit"[145] breit

---

143 Jalušič, Vlasta: Schwierigkeiten mit der Demokratie. Das unabhängige Slowenien und die Frauen, in: Kreisky, Eva (Hg.in): Vom patriarchalen Staatssozialismus zur patriarchalen Demokratie, Wien 1996, S. 40.
144 http://www.vest.si/2008/02/19/cabaret-izbrisanih/# (24.06.2009).
145 Grafenauer, Niko: In eigener Sache, in: Miladinović Zalaznik, Mira (Hg.in), übersetzt von Klaus Detlev Olof u.a.: Begegnungen, Ljubljana 1995, S. 6.

diskutierten. Einen weiteren Schritt vollzog die Redaktion der *Nova revija* mit der Ausgabe 57 im Februar 1987, als sie die „Beiträge zum slowenischen Nationalprogramm" vorstellte, die als Reaktion auf das legendäre Memorandum der Serbischen Akademie der Wissenschaften und Künsten zu verstehen waren[146]. Darin wurde ein Recht des Slowenischen Volkes auf Selbstbestimmung und staatliche Souveränität, die Errichtung einer demokratischen parlamentarischen Ordnung auf der Grundlage eines Mehrparteiensystems, die Schaffung einer eigenen Armee und die Neudefinition der rechtlichen Beziehungen zwischen Slowenien und Jugoslawien gefordert[147]. Dies führte zu Spannungen innerhalb der Kommunistischen Partei Sloweniens und zu einer Zuspitzung des serbisch-slowenischen Konflikts, aus dem im Ergebnis die Redaktion der *Nova revija* gestärkt hervor ging. Die *Nova revija* avancierte zum Sprachrohr jener Regierungs- und RegimekritikerInnen, welche die Legitimität der nationalen Interessen Sloweniens artikulierten und für ein „Selbstständiges Slowenien" eintraten[148]. Die Aktivitäten einzelner Mitglieder der Redaktion bekamen zunehmend offiziösen Charakter, was auch die spätere Übernahme politischer Funktionen erleichterte.

Nachdem Repressionen gegenüber der „Alternative" nicht erfolgreich waren, hat die Kommunistische Partei nach 1985 mit einer „gramscianischen" Interpretation der Zivilgesellschaft versucht, die politische *civil society* in eine marxistisch politische Sprache zu übersetzen und an das System der Selbstverwaltung anzubinden[149]. Die sozialistische Jugendorganisation hatte dabei eine schwierige Stellung zwischen Partei und Subkultur[150]. Die Jugendorganisation löste sich 1986 von der Partei und wurde zur Dachorganisation für neue soziale Bewegungen[151]. Die Wochenzeitung *Mladina* avancierte zum wichtigsten Medium der sozialen Bewegungen während der Veränderungen des politischen Systems. Seit dem Beginn der 1980er Jahre kritisierten JournalistInnen der *Mladina* auch die *Jugoslovanska ljudska armada (JLA)* [jugoslawische Volksarmee] und verfolgten eine dezidiert antimilitaristische Linie[152]. Neuerli-

---

146 Nećak, Dušan/Repe, Božo: Slowenien, Klagenfurt 2006, S. 144f.
147 Cerar, Miro: Die verfassungsrechtlichen Grundlagen der Konstituierung des Staates Slowenien, in: Marko, Joseph/Borić, Tomislav (Hg.): Slowenien – Kroatien – Serbien. Die neuen Verfassungen. Wien u.a. 1991, S. 102.
148 Hösler: Slowenien, S. 199.
149 Mastnak, Tomaž: Civil Society in Slovenia. From Opposition to Power, in: Seroka, Jim/Pavlović, Vukašin (eds.): The Tragedy of Yugoslavia, Armonk (New York)/London 1992, S. 56.
150 Ausführlich zu den verschiedenen Strategien der Parteiorganisation, die „nonkonformistische" Jugend(organisation) zu kontrollieren, Barber-Kersovan: Vom „Punk-Frühling" zum „Slowenischen Frühling", S. 451 – 463.
151 Mastnak: Civil Society in Slovenia, S. 57.
152 Hösler, S. 201f.

che Berichte über geplante militärische Aktionen führten zur Verhaftung von Redaktionsmitgliedern, u. a. Janez Janša, dem späteren Verteidigungsminister und Ministerpräsident der rechts-konservativen Regierungskoalition (2004 – 2008), die wegen „Verrat von Militärgeheimnissen" angeklagt wurden.

Die Verhaftungen der „Vierergruppe" im Mai 1988 hatte zu einer breiten Mobilisierung und schließlich zur Gründung des „Komitees zur Unterstützung Janez Janšas" geführt, welches bald in *„Odbor za varstvo človekovih pravic"* [Ausschuss zur Wahrung der Menschenrechte] umbenannt wurde. Die Kritik erstreckte sich neben der verfassungswidrigen und intransparenten Vorgangsweise der Anklage gegen die „Vierergruppe" auch auf den Schauprozesscharakter des Verfahrens, das in serbokroatischer Sprache durchgeführt wurde[153]. Damit war die fragile Ordnung sprachlicher Paritäten berührt, die in der Bundesverfassung von 1974 festgeschrieben war und die gleichberechtigte Verwendung der Sprachen festlegte[154]. Bei den folgenden Massendemonstrationen in Ljubljana prägten nationale Emotionen das Bild und leiteten die Zersplitterung der verschiedenen Gruppen der Alternativszene in Ljubljana ein[155].

Ivan Bernik hat diese Entwicklungen in der zweiten Hälfte der 1980er Jahre als „heroische Etappe" bezeichnet, welcher spätestens mit der Aufkündigung der bürgerlichen DEMOS-Koalition (Demokratische Opposition Sloweniens) im Frühjahr 1992 eine „prosaische Etappe" folgen sollte. Ausschlaggebend für die baldige Auflösung des „Nationalkonsens" nach der Durchsetzung der Unabhängigkeit waren die unvereinbaren Positionen für die tatsächlich zu lösenden Probleme. In dieser Phase wurden die Interessensunterschiede im Hinblick auf die Reform des Wirtschaftssystems zum unüberwindbaren politischen Konfliktpunkt, der in der Folge zu einer „doppelten Entzauberung"[156] führte.

Die erheblichen Differenzen betreffend die Inhalte und Konzepte gesellschaftlicher Veränderungen der als „Zivilgesellschaft" zusammengefassten gesellschaftlichen Kräfte wurden jedoch nur vorübergehend überdeckt. Die Folgen für jene AkteurInnen, die ihren Beitrag zu gesellschaftlichen Veränderungen in kritischer Distanz zum nationalen Pathos formulierten, zeigten sich bald und führten zur Marginalisierung jener „Alternativen", die keine Sitze im Parlament hatten[157]. Die Alternativbewegungen verloren nach der Staatsgründung an politischem Einfluss. Es begann der Kampf um alternative öffentliche Räume und politische Alternativen, der symbolisch und real in der Besetzung

---

153 Hösler: Slowenien, S. 201.
154 Okuka: Eine Sprache – viele Erben, S. 89f.
155 Hösler: Slowenien, S. 201.
156 Bernik: Der Übergang von der heroischen in die prosaische Etappe, S. 127.
157 Ebenda.

der Militärkaserne in der *Metelkova cesta* [Metelkova Straße] fortgesetzt wurde, deren Bedeutung der Kulturphilosoph Bratko Bibić wie folgt zusammenfasst:

> All the events related to Metelkova City as a 'real space' should not be understood merely in the narrow terms of art and culture. Due to the frequently crucial role of the 'alternative scene', of subcultures, subpolitics and new social movements, such as the pacifist movement and the coming-out movement of gay and lesbian minorities, the initiative of the Network for Metelkova was seen as one of the key social initiatives in the process of democratization and pluralisation of the (urban, political, cultural) public in Slovenia in the 1980's, as a 'touchstone' for the potential of the so-called 'civil society' to 'maintain democracy' as Slovenia and Ljubljana entered the 'transitional' 1990's. Were the initiative to fail, that would have been a 'bad omen' for the future of democracy in Slovenia.[158]

Die im autonomen Zentrum *metelkova mesto*[159] verankerten Projekte stell(t)en folglich eine permanente Provokation für die aus der „Zivilgesellschaft" kommenden neuen nationalen (politischen) Eliten dar, während sie im Ausland als demokratiepolitischer Exportartikel Modellwirkung entfalteten. Entscheidende Impulse und kontinuierliche Debatten zur Frage der Lösung der Situation der „Ausgelöschten" sind vom *Mirovni Institut* [Friedensinstitut] ausgegangen, dessen MitarbeiterInnen zur Wahrnehmung der Situation der „Ausgelöschten" und der gesellschafts- und demokratiepolitischen Bedeutung der Auslöschung und der Verweigerung der Anerkennung der Rechte der Betroffen mit verschiedenen Projekten entscheidend beigetragen haben[160].

3.1.3 Der Aufbruch ins Ungewisse

Mit der Pluralisierung der Artikulationsformen durch politische und zivilgesellschaftliche AkteurInnen ging auch die Verschärfung nationaler Disparitäten einher, die schließlich die föderative Verfassungsstruktur von 1974 und das „balance of power" System der SFRJ ins Wanken brachten. Im slowenischen Parlament waren bereits 1987 und 1988 Verfassungsänderungen beschlossen worden, die nicht mehr vollständig innerhalb der föderalen Strukturen legitimiert waren[161]. Eine weitere geplante Verfassungsänderung in Slowenien 1989 führte zur offenen Konfrontation mit den Bundesorganen. Der kontrollierte Ausstieg Sloweniens aus den föderalen Strukturen war damit eingeleitet und wurde ab 1990 schrittweise umgesetzt. Die Verhandlungen

---

158 Bibić, Bratko: Hrup z metelkove. Transicija prostorov in kulture v Ljubljani [Der Lärm von der Metelkova. Die Transition der (öffentlichen) Räume und Kultur in Ljubljana], Ljubljana 2003, S. 216f.
159 www.metelkovamesto.org (05.08.2009).
160 Informationen über die verschiedenen Publikationen und Projekte: http://www.mirovni-institut.si/Search/All/en/ (14.03.2009).
161 Kavčič, Igor/Grad, Franc: Ustavna ureditev Republike Slovenije [Die Verfassungsordnung der Republik Slowenien], Ljubljana 2003, S. 59f.

über notwendige ökonomische Reformen bzw. die Restrukturierung der SFRJ wurden fortgesetzt, brachten aber keine konkreten Ergebnisse, da die unvereinbaren nationalen und auch ökonomischen Interessen bzw. außenpolitischen Orientierungen eine Einigung bereits unmöglich erscheinen ließen. Getragen vom „Nationalkonsens" setzte die neue politische Führung die Selbstständigwerdung Sloweniens auf die politische Agenda, während noch immer konföderative Lösungen auf der Ebene des Bundes verhandelt wurden.

1990 wurden wichtige politische Weichenstellungen für die Umsetzung der staatlichen Unabhängigkeit der Republik Slowenien gesetzt[162]. Nachdem die Unvereinbarkeit der Standpunkte beim *14. kongres Savez Komunista Jugoslavije (SKJ)* [14. Kongress des Bundes der Kommunisten Jugoslawiens] im Januar 1990 offen zu Tage getreten war, verließen die kroatischen und slowenischen Delegierten die Versammlung. Die TV-Übertragung dieser Sitzung erhöhte die Wirkung dieses symbolischen Ausstiegs und kündigte das Ende der Föderation an.

Im slowenischen Parlament wurde die Abhaltung von Wahlen beschlossen, die im April 1990 durchgeführt wurden. Weitere Wahlen folgten in den anderen Teilrepubliken. In Slowenien ging das Parteibündnis DEMOS[163] mit dem Vorsitzenden Jože Pučnik als klarer Sieger gegenüber den Reformkommunisten hervor, die als *Stranka demokratične prenove* [Partei der demokratischen Erneuerung] angetreten waren[164]. Die DEMOS-Regierung besetzte wichtige politische Funktionen in der Phase der Selbstständigwerdung Sloweniens und setzte die entscheidenden Schritte zur Durchsetzung der Unabhängigkeit. Im Sommer beschloss das Parlament in Slowenien eine Deklaration über die Souveränität des Landes. Außerdem wurde die Abhaltung eines Referendums zur Frage der Unabhängigkeit beschlossen, das am 23. Dezember 1990 abgehalten wurde. Eine klare Mehrheit der Stimmberechtigten (über 88%) entschied sich für die Unabhängigkeit Sloweniens.[165]

Nachdem die Bemühungen Sloweniens und Kroatiens für die Zustimmung zu einer Umwandlung der SFRJ in eine „Konföderation freier Staaten" scheiterten und die Gespräche des Staatspräsidenten Milan Kučan mit dem Staatspräsidium erfolglos blieben, beschloss das Parlament in Slowenien am 20. Feb-

---

162 Mønnesland, Svein: Das Land ohne Wiederkehr. Ex-Jugoslawien: Die Wurzeln des Krieges, Klagenfurt 1997, S. 329.
163 Die „Demokratische Opposition Sloweniens" (DEMOS) war ein Parteibündnis aus folgenden Parteien: Slovenska demokratična zveza [Slowenischer demokratischer Bund], Socialdemokratska stranka Slovenije [Sozialdemokratische Partei Sloweniens], Slovenski krščanski demokrati [Slowenische Christdemokraten], liberalna stranka [Liberale Partei], Zeleni Slovenije [Die Grünen Sloweniens] und Slovenska kmečka zveza [Slowenischer Bauernverband].
164 Hösler: Slowenien, S. 207.
165 Ebenda.

ruar 1991 den kontrollierten Austritt aus der SFRJ und erhöhte damit den Handlungsdruck auf die Regierung entsprechende Schritte vorzunehmen[166]. Am 25. Juni 1991 erfolgte die angekündigte Unabhängigkeitsproklamation, womit der Austritt aus der Föderation vollzogen war. Es folgte die als „10 Tage Krieg" bezeichnete militärische Intervention der jugoslawischen Volksarmee (JLA) in Slowenien. Die EG Troika initiierte Verhandlungen zwischen den Konfliktparteien, die mit dem Abkommen von Brioni ein dreimonatiges Moratorium des Unabhängigkeitsprozesses Sloweniens und Kroatiens beschlossen. Damit war auch die Anwendung des bereits im Juni 1991 beschlossenen *Zakon o tujcih (Ztuj)* [Fremdengesetz] ausgesetzt, was unmittelbare Auswirkungen auf die Anwendung des Staatsbürgerschaftsgesetzes hatte[167].

Die zehntägige militärische Auseinandersetzung zwischen der slowenischen Polizei im Verbund mit der slowenischen *Teritorijalna Obramba (TO)* [Territorialverteidigung] und der *Jugoslovanska ljudska armada (JLA)* wurde mit einem Waffenstillstand beendet. Die jugoslawische Regierung entschied sich in der Folge unerwartet für den Truppenabzug innerhalb der nächsten drei Monate, womit der militärische Konflikt zwischen Jugoslawien und Slowenien beendet war[168], während die Kampfhandlungen in Kroatien und Bosnien zunahmen.

Bei der Beschlussfassung und der Ausschreibung des Referendums über die staatliche Selbstständigkeit, das für den 23. Dezember 1990 angesetzt wurde, hat die *skupščina* (Parlament der Teilrepublik Slowenien) auch die so genannte *„Izjava o dobrih namenih"*[169] [„Erklärung der guten Absichten"] verabschiedet. In dieser Absichtserklärung wurde jenen Angehörigen anderer „Nationen und Nationalitäten" der SFRJ, die ihren ständigen Wohnsitz in Slowenien hatten, ein Optionsrecht auf die slowenische StaatsbürgerInnenschaft zugesichert. Der Sinn dieser Versprechung bestand darin, einem bedeutenden Teil der beim Referendum Stimmberechtigten zu versichern, dass sich ihr faktischer und rechtlicher Status mit der Unabhängigkeit der Republik Sloweniens nicht verschlechtern würde[170]. Die große Beteiligung und Zustimmung beim Referen-

---

166 Ebenda, S. 208.
167 Pistotnik, Sara: Kronologija izbrisa. 1990 – 2007 [Chronologie der Auslöschung. 1990 – 2007], in: Časopis za kritiko znanosti, domišljijo in novo antropologijo, let. 35, št. 228/2008, S. 205.
168 Hösler, S. 209f.
169 Uradni list RS, št. 44/90-I, in englischer Übersetzung als „Statement of Good Intent", http://www.slovenija2001.gov.si/10years/path/documents/good-intent/ (01.06.2008).
170 Grah, Matija: Madež na samostojni Sloveniji. Izjava o dobrih namenih, nato odvzem pravice do prebivanja. [Der Schatten über dem unabhängigen Slowenien. Zuerst die „Erklärung der guten Absichten", dann die Aberkennung des Aufenthaltsrechts], in: DELO, 22.06.2002, sobotnapriloga, S. 8 – 9.

dum zeigte, dass auf diese Weise bestehende Bedenken und Befürchtungen zerstreut werden konnten. Umgesetzt wurde diese Zusage nach der Staatsgründung als Optionsrecht auf die slowenische StaatsbürgerInnenschaft für jene Personen, die am Tag des Referendums, also am 23. Dezember 1990, ihren ständigen Wohnsitz in Slowenien hatten.

Aus einer vergleichenden Perspektive staatsbürgerschaftsrechtlicher Regelungen stellt dies eine weitreichende Regelung dar, von der in der Folge mehr als 171 000 Menschen Gebrauch machten. Die konkrete gesetzliche Umsetzung und die verwaltungsrechtliche Praxis führten jedoch zu folgenreichen Ausschließungen.

3.2 (Völker-)Rechtliche Perspektiven

Der normative Staatsbegriff des Völkerrechts und die „klassischen" Souveränitätsvorstellungen sind im Zusammenhang mit der Gründung von neuen Staaten besonders wirkungsmächtig. Die völkerrechtliche Literatur verweist auf eine enge Verzahnung mit der allgemeinen Staatslehre und der „Dreielementelehre" von Jellinek. Das Staatsvolk gilt dabei als konstitutives Element neben Staatsterritorium und effektiver Staatsmacht. Bei der Entstehung neuer Staaten muss es also ein „Staatsvolk" geben. Wie es sich zusammensetzt ist nicht näher definiert. Werden Staaten auf der Grundlage „imaginierter Gemeinschaften"[171] nach dem Prinzip „One State - one Nation" gebildet, werden ethnische Kategorien und historische Entwicklungen herangezogen um das „Staatsvolk" zu definieren und die Unterscheidung zwischen „InländerInnen" und „AusländerInnen" zu konstruieren. Da die Vorstellung eines homogenen Staatsvolks im Konzept des Nationalstaats eine Fiktion ist, müssen die Grenzen nach außen und nach innen diskursiv hergestellt und legitimiert werden.

Bei diesen inneren Grenzziehungen steht im Zuge von Nationalstaatsgründungen die Differenzierung zwischen der „Titularnation" und (Minderheiten-)Gruppen im Vordergrund und überlagert zunächst Grenzziehungen zwischen „Öffentlichkeit und Privatheit" und damit Ungleichheit in den Geschlechterverhältnissen sowie die Trennung sozialer Rechte unterschiedlicher Klassen als Kriterium für politische Partizipation[172]. Zusätzliche Hierarchisierungen ergeben sich durch die Unterscheidung zwischen „autochtonen" und „nichtautochtonen" Minderheiten, da nur erstere Rechte nach dem internationalen Minderheitenschutz geltend machen können. Auch die Entstehung der Republik Slowenien folgte diesem historischen Modell der Nationalstaats-

---

171 Anderson, Benedict: Die Erfindung der Nation. Zur Karriere eines folgenreichen Konzepts, Frankfurt am Main/New York 1996, S. 13ff.
172 Balibar: Die Grenzen der Demokratie, S. 83.

entwicklung, das sich im 19. Jahrhundert durchgesetzt hat[173]. Da diese Hierarchisierungen auf der Ebene des Rechts und insbesondere über das Recht der StaatsbürgerInnenschaft legitimiert werden, sollen im Folgenden einzelne Aspekte der Auswirkungen der Staatensukzession auf die Neudefinition des (Staats-)BürgerInnenstatus in den neu entstandenen Staaten erörtert werden.

3.2.1 Die Desintegration Jugoslawiens und das Recht der Staatensukzession

Die Desintegration der UdSSR und der SFRJ hat Fälle von Staatennachfolge hervorgebracht, die eine dogmatische und praktische Anpassung des Rechts der Staatensukzession erforderlich machten, da die im Zuge der Dekolonialisierungsprozesse nach dem zweiten Weltkrieg weiter entwickelten völkerrechtlichen Regeln nicht mehr ausreichend waren um die entstehenden Probleme zu lösen. Die beiden UN-Konventionen, die Fragen der Staatensukzession behandeln[174], entstanden vor dem Hintergrund der Entkolonialisierung nach dem zweiten Weltkrieg. Sie waren zwar mangels ausreichender Ratifizierungen formell nicht in Kraft getreten, wurden aber von der Badinter-Kommission insofern berücksichtigt, als sie geltendes Völkerrecht zusammenfassten[175].

Auf der Ebene des Völkerrechts hat sich ein Wandel vollzogen, der als Veränderung vom „Koordinationsvölkerrecht" hin zum „Kooperationsvölkerrecht" beschrieben wird[176]. Galten im Rahmen des Koordinationsvölkerrechts „souveräne" Staaten noch als die zentralen Akteure der internationalen Politik, stieg die Bedeutung von internationalen Organisationen stetig an. Die Kooperationsfunktion der internationalen Organisationen entwickelte sich mit der Ausweitung der (partiellen) Völkerrechtssubjektivität und davon abgeleiteter Handlungsfähigkeit auf nichtstaatliche AkteurInnen. Dies hat auch zu einer Aufweichung der Souveränitätsvorstellungen beigetragen, die durch die als „Globalisierung" bzw. Transnationalisierung beschriebenen Entwicklungen zusätzlich verstärkt wurde.

Als ein Aspekt der Ausweitung der (partiellen) Völkerrechtssubjektivität auf internationale Organisationen und Institutionen ist auch deren verstärkte

---

173 Komac, Miran: Forming a New Nation-State and the Repression or Protection of Ethnic Minorities. The Case of Slovenia, in: Nagel, Stuart S. /Robb, Amy (eds.): Handbook of Global Social Policy, New York 2001, S. 268f.
174 Siehe dazu „Wiener Konventionen über Staatensukzession in Verträge von 1978" und die „Wiener Konvention über Staatensukzession in Vermögen Archive und Schulden von 1983".
175 Fiedler, Wilfried: Der Zeitfaktor im Recht der Staatensukzession, in: Haller, Herbert (Hg.): Staat und Recht. Festschrift für Günther Winkler, Wien/New York 1997, S. 224.
176 Kimminich, Otto/Hobe, Stephan: Einführung in das Völkerrecht, Tübingen 2008, S. 60f.

Mitwirkung bei der Anerkennung neuer Staaten zu verstehen. Obgleich der völkerrechtlichen Anerkennung nach überwiegender Meinung nur deklaratorische Wirkung zukommt[177], ist ihre politische Signalwirkung in völkerrechtlichen Schwebezuständen dennoch von enormer politischer Bedeutung.

Dies kann beispielhaft an der Anwendung der Anerkennungsrichtlinien der EG für die Nachfolgestaaten der SFRJ aus dem Jahre 1991 nachvollzogen werden. Neben der funktionalen Betrachtungsweise wurden bei der Beurteilung des Staatscharakters neuer Völkerrechtssubjekte zusätzlich zur klassischen Trias der „Drei-Elemente-Lehre" auch auf materielle Erfordernisse abgestellt. Die Einhaltung von Menschenrechten und Minderheitenrechten wurde bei den Anerkennungskriterien besonders betont. Auf diese Weise kam es zu einer „humanitären Aufladung" des Instituts der Anerkennung von Neustaaten sowie der Regeln der Staatensukzession insgesamt[178]. Ungeachtet der Verknüpfung der völkerrechtlichen Anerkennung mit der Einhaltung von Menschenrechten und Minderheitenrechten treten diese Argumente in der Praxis jedoch gegenüber der Klarstellungsfunktion der Anerkennung in den Hintergrund. Dies lässt sich vor allem daran erkennen, dass der politische Druck, die Menschenrechte nach der von der Staatengemeinschaft akzeptierten Staatsentstehung weiter zu schützen, schlagartig nachlässt[179]. Es zeigte sich die Interdependenz des viel diskutierten Rechts auf Selbstbestimmung der Völker und dem Instrument der Anerkennung von Staaten sowohl hinsichtlich der Ordnungs- und Schlichtungsfunktion als auch der machtpolitischen Funktion.[180]

3.2.2 Die Staatensukzession und völkerrechtliche Anerkennung

Die divergierenden Interessen der europäischen AkteurInnen fanden auch Ausdruck im uneinheitlichen Vorgehen der Mitgliedstaaten der EG bei der Anerkennung der Nachfolgestaaten der SFRJ. Im Ergebnis scheiterten damit die Versuche eines „konzertierten Vorgehens" der EG und eine Konfliktregelung aus gesamteuropäischer Perspektive. Der Staatsbildungsprozess und die völkerrechtliche Anerkennung der Republik Slowenien haben hinsichtlich des Zeitpunkts vielfältige Diskussionen ausgelöst[181].

---

177 Hille, Saskia: Völkerrechtliche Probleme der Staatenanerkennung bei den ehemaligen jugoslawischen Teilrepubliken, München 1996. S. 14ff.
178 Fiedler, Wilfried: Staatensukzession und Menschenrechte, in: Ziemske, Burkhardt u.a. (Hg.): Staatsphilosophie und Rechtspolitik. Festschrift für Martin Kriele, München 1997, S. 1386.
179 Ebenda, S. 1390.
180 Hille: Völkerrechtliche Probleme der Staatenanerkennung bei den ehemaligen jugoslawischen Teilrepubliken, S. 3.
181 Caplan, Richard: Europe and the Recognition of New States in Yugoslavia, Cambridge 2005, S. 96ff.

Besonders unklar war auch die Frage, wie der Desintegrationsprozess der SFRJ völkerrechtlich zu beurteilen sei. Die „Badinter-Kommission" hat festgestellt, dass die SFRJ durch Zerfall untergegangen ist und nicht etwa durch Abspaltung, was hinsichtlich der Rechtsfolgen und der Beziehungen und Verpflichtungen der neu entstandenen Völkerrechtssubjekte von entscheidender Bedeutung war. Diese Ansicht wurde auch von den Vereinten Nationen übernommen. Restjugoslawien ging von einer Abspaltung aus und beanspruchte volle Rechtskontinuität[182], was andauernde Diskussionen auslöste und auch Irritationen bei der Vertretung in den Gremien der Vereinten Nationen nach sich zog[183]. Nach der Unabhängigkeitserklärung Sloweniens und Kroatiens im Juni 1991 intensivierten sich die Bemühungen der EG eine diplomatische Lösung des mittlerweile militärisch ausgetragenen Konflikts zu erreichen. Mit der Deklaration von Brioni wurde ein dreimonatiges Moratorium des Unabhängigkeitsprozesses vereinbart und ein Ende der Militärintervention der JLA in Slowenien erreicht[184].

In den Monaten nach der Beendigung des militärischen Konflikts in Slowenien stand die Klärung des Status der neuen Republik Slowenien im Zentrum der außenpolitischen Bemühungen, während sich in Kroatien die Aktivitäten der JLA verstärkten. Die EG reagierte auf die Entwicklungen in Jugoslawien zunächst sehr zögerlich und uneinig. Die formale Erhaltung des Staates Jugoslawien stand zunächst im Vordergrund. Diese Strategie geriet jedoch durch die tatsächlichen Ablösungstendenzen in den Teilrepubliken unter Druck und spaltete die Mitgliedsländer der EG. Schließlich wurde am 17. Dezember 1991 im Rahmen eines außerordentlichen Außenministertreffens der EG-Mitgliedsländer die „Erklärung über Jugoslawien" beschlossen. Darin wurde die Annahme der „Richtlinien über die Anerkennung neuer Staaten in Osteuropa und in der Sowjetunion" als Voraussetzung für die Anerkennung der staatlichen Unabhängigkeit von neu entstehenden Staaten festgesetzt[185].

Unklarheiten traten wie bereits angedeutet insbesondere bezüglich der Fragen nach dem Zeitpunkt und der Art der Staatennachfolge auf, da dies unterschiedliche Rechtsfolgen nach sich zieht. Wilfried Fiedler fasst die Schwierigkeiten bei der Lösung dieser Fragen damit zusammen, dass „oft Jahrzehnte andauernde Entwicklungen in technisch unhistorischer Weise terminiert werden [müssen], um den Beginn einer rechtlichen wie staatlichen Neuentwicklung markieren zu können"[186]. Vor dieser Herausforderung stand auch die von

---

182 Bear, Stephanie: Der Zerfall Jugoslawiens im Lichte des Völkerrechts, Frankfurt am Main u.a. 1995, S. 117.
183 Ebenda, S. 152ff.
184 Hösler: Slowenien, S. 210.
185 Fiedler: Staatensukzession und Menschenrechte, S. 1379.
186 Fiedler, Wilfried: Der Zeitfaktor im Recht der Staatensukzession, In Staat und Recht. FS für Günther Winkler, Wien 1997, S. 219.

der EG eingesetzte Schiedskommission, die letztendlich zum Ergebnis kam, dass die SFRJ durch Zerfall untergegangen war[187]. Die nach ihrem Vorsitzenden benannte „Badinter-Kommission" prüfte in den so genannten „opinions" die Entwicklungen in den einzelnen Teilrepubliken der SFRJ. Dabei kamen die „Richtlinien über die Anerkennung neuer Staaten in Osteuropa und in der Sowjetunion"[188] als Voraussetzung für die Anerkennungsfähigkeit zur Anwendung.

> Auf diese Weise gelangte die Kommission für die einzelnen Nachfolgestaaten Jugoslawiens zu ganz unterschiedlichen Zeitpunkten der Staatensukzession. Für Kroatien und Slowenien wurde der 8. Oktober 1991, für Mazedonien der 17. November 1991, für Bosnien und Herzegowina der 6. März 1992 und für den aus Serbien und Montenegro bestehenden Rest-Staat Jugoslawien der 27. April 1992 als 'date of the succession of States' festgelegt.[189]

Den Rechten der ethnischen Gruppen und Minderheiten sowie der Anerkennung der Unverletzlichkeit der Grenzen wurden als materieller Voraussetzung in den „Richtlinien" besondere Bedeutung beigemessen. Auch bei der Anerkennung Sloweniens spielte die Einhaltung der Menschenrechte eine wichtige Rolle[190]. Dass es sich bei diesen Entscheidungen um höchst arbiträre Beschlüsse handelte und vor allem politische Erwägungen im Vordergrund standen, wurde aus rechtspolitischer Sicht kritisiert[191]. Bei der Beurteilung der „materiellen Voraussetzungen" für die Anerkennung Sloweniens wurden insbesondere die Aktivitäten der „Zivilgesellschaft" als demokratische Basis der Unabhängigkeit hervorgehoben.

Die Frage der Menschenrechte, deren Geltendmachung ein zentrales Anliegen zivilgesellschaftlicher AkteurInnen darstellte, bekam in dieser Situation besonderes Gewicht. Die Menschenrechte wurden in Slowenien im Klima des Aufbruchs in den verschiedenen alternativen Gruppen umfassend diskutiert, wobei auch die Grenzziehungen zwischen der sozialen und politischen Dimension liberaler Menschenrechtskonzeptionen überschritten wurden. Die Bedeutung der Menschenrechte im politischen Diskurs hat sich in den folgenden zwei Jahrzehnten verändert, die hegemoniale Basis für die Forderungen der sozialen Bewegungen haben sich mit der Schaffung von Institutionen nach dem Modell westlicher Demokratien geändert[192]. Eine Analyse der Entwicklungen aus dieser Perspektive macht nachvollziehbar, dass die „Rückkehr nach

---

187   Bear: Der Zerfall Jugoslawiens im Lichte des Völkerrechts, S. 88f.
188   Fiedler: Menschenrechte und Staatensukzession, S. 1378.
189   Fieder: Zeitfaktor im Recht der Staatensukzession, S. 223.
190   Müllerson, Rein: International law, rights and politics, developments in Eastern Europe and the CIS, Routledge 1996, S. 29.
191   Ebenda.
192   Štrajn, Darko: Once upon a time there were human rights, in: Drčar Murco, Mojca u.a.: Five Minutes of Democracy. The image of Slovenia after 2004, Ljubljana 2008, S. 109.

Europa" und die Verbindung der (dissidenten) Kultur mit der Macht auch als Tendenz einer „allgemeinen Provinzialisierung"[193] verstanden werden kann.

Vlasta Jalušič weist auf den zivilgesellschaftlichen Beitrag zur Entstehung der Republik Slowenien in ihrer These der „organisierten Unschuld" der staatlichen AkteurInnen in Hinblick auf die Entwicklung der Situation der „Ausgelöschten" hin[194]. Sie stellt dabei den Zusammenhang her, dass der Beitrag der „Alternative" in Vergessenheit zu geraten droht bzw. massiv vereinnahmt wurde. Damit wurde der „Opfermythos" verstärkt, der die Thematisierung kritischer Aspekte der Staatsgründung der Republik Slowenien über Jahre hinweg unmöglich machte.

3.2.3 Die Staatennachfolge und das Riskio der Staatenlosigkeit

Im Zusammenhang mit der bereits angesprochenen neu entflammten Diskussion zur Staatensukzession nach 1989 stand auch die Frage der Staatsangehörigkeit zur Debatte, da die völkerrechtliche Praxis zu Auswirkungen auf die Staatsangehörigkeit keine eindeutigen Antworten lieferte[195]. Die konkrete Ausgestaltung der StaatsbürgerInnenschaft wird vom Recht der Staatsukzession im engeren Sinn nicht berührt. Einschränkungen ergeben sich aber durch Verpflichtungen aus dem internationalen Recht und bi- bzw. multilateralen Verträgen. Hervorzuheben ist weiters, dass alle Maßnahmen zur Vermeidung von Staatenlosigkeit und darauf abzielende internationale Konventionen nur auf *de jure* Staatenlosigkeit abzielen, *de facto* Staatenlosigkeit jedoch nicht berücksichtigt wird[196].

Diese Diskrepanz zeigt sich auch bei der Berufung auf die Gewährleistung von Kontinuität bei der Regelung staatsbürgerschaftsrechtlicher Angelegenheiten. Dass diese abstrakte Kontinuität nur hypothetisch verwirklicht ist, beweisen die zahlreichen Fälle, in denen Menschen nicht in der Lage sind, sich auf das „rechtliche Band" und den damit verbundenen (konsularischen) Schutz eines Staates zu berufen, sei es, weil sie aufgrund ethnischer Zuordnungen nicht auf den Schutz des betreffenden Nationalstaats vertrauen dür-

---

193 Močnik, Rastko: „Das Ergebnis der Unabhängigkeit ist allgemeine Provinzialisierung", in: Jungle World, Nr. 3/2008, http://jungle-world.com/artikel/2008/03/ (11.09.2008).
194 Jalušič, Vlasta/ Dedić, Jasminka: (The) Erasure – mass human rights violation and denial of responsibility: The case of independent Slovenia, in: Human Rights Review, vol. 9, no. 03/2008, S. 103f.
195 Kreuzer, Christine: Staatsangehörigkeit und Staatensukzession. Die Bedeutung der Staatensukzession für die staatsangehörigkeitsrechtlichen Regelungen in den Staaten der ehemaligen Sowjetunion, Jugoslawiens und der Tschechoslowakei, Konstanz 1997, S. 41 – 54.
196 UN High Commissioner for Refugees (UNHCR): Staatsangehörigkeit und Staatenlosigkeit. Ein Handbuch für Parlamentarier, 20. Oktober 2005, S. 12f., http://www.unhcr.org/refworld/docid/4890503b2.html (15.06.2009).

fen, sei es, dass es ihnen nicht mehr möglich ist, die Zugehörigkeit zu einem konkreten Staat nachzuweisen.

Besonders hoch ist das Risiko staatenlos zu werden während des Zeitraums zwischen dem Eintritt der Staatennachfolge und der Schaffung eines neuen Staatsbürgerschaftsrechts. Diese Problematik zeigte sich ein weiteres Mal bei der Entstehung neuer Staaten nach der Auflösung der UdSSR und SFRJ Anfang der 1990er Jahre und wurde verstärkt auch von internationalen Institutionen thematisiert. Boštjan Vernik und Carmen Breznikar diskutierten bei einer Tagung von JuristInnen, ob in diesen Fällen von „kollektiver Naturalisierung"[197] die Bedeutung der Menschenrechte und ein davon abgeleitetes Recht auf die Erteilung einer neuen bzw. Beibehaltung der bestehenden StaatsbürgerInnenschaft begründet werden könnte. Sie nahmen damit Bezug auf die Tendenzen im Internationalen Recht, die bei der Staatennachfolge den gewöhnlichen Aufenthalt als den relevanten Anknüpfungspunkt für die StaatsbürgerInnenschaft bevorzugen[198]. Die herrschenden Rechtsmeinungen und die Staatenpraxis folgen dieser Ansicht nicht. Dennoch gibt es Aufmerksamkeit für die tiefgreifenden Folgen, die sich auch in rechtlichen Fortschritten auf der Ebene regionaler Abkommen und Bemühungen um die Wahrnehmung des Problems der Staatenlosigkeit in den Gremien der Vereinten Nationen nachweisen lassen[199].

Auf europäischer Ebene war der Europarat die treibende Kraft bei der Entwicklung von Grundsätzen zur Vermeidung von Staatenlosigkeit. Das Europäische Übereinkommen von 1997 über die Staatsangehörigkeit ist ein weiteres regionales Übereinkommen, mit dem versucht wird, die Entwicklungen innerstaatlichen und internationalen Staatsbürgerschaftsrechts seit dem Haager Übereinkommen von 1930 zusammenzufassen[200]. Das Europäische Übereinkommen über die Staatsangehörigkeit von 1997 enthält Regeln, um Staatenlosigkeit bei Fällen von Staatennachfolge zu verhindern. Betont werden der Grundsatz der Verhinderung von Staatenlosigkeit und Diskriminierung sowie die Achtung der Menschenrechte von Personen, die sich rechtmäßig und „ge-

---

197 Vernik, Boštjan/Breznikar, Carmen: Vloga mednarodnega prava pri urejanju vprašanj državljanstva (poskus konceptualne predstavitve) [Die Rolle des internationalen Rechts bei der Regelung staatsbürgerschaftsrechtlicher Fragen (Versuch einer konzeptuellen Darstellung)], in: 5. dnevi javnega prava, Portorož, 7. – 9. junij 1999, Ljubljana 1999, S. 678f.
198 Rudolf, Beate: Vermeidung von Staatenlosigkeit, in: Vereinte Nationen, no. 2/2000, S.72f.
http://www.dgvn.de/fileadmin/user_upload/PUBLIKATIONEN/Zeitschrift_VN/VN_2 000/vn0200t.pdf (16.06.2007).
199 Blitz, Brad/Lynch, Maureen: Statelessness: The Global Problem, Relevant Literature, and Research Rationale, in: Statelessness and the Benefits of Citizenship. A Comparative Study, Genf 2009, S. 5f.
200 UNHCR: Staatsangehörigkeit und Staatenlosigkeit, S. 19.

wöhnlich" in einem Hoheitsgebiet aufhalten[201]. Gemeinsam mit dem „Übereinkommen des Europarates zur Vermeidung von Staatenlosigkeit im Zusammenhang mit Staatennachfolge" von 2006 bieten sie einen erweiterten rechtlichen Rahmen für die Vermeidung von Staatenlosigkeit. Mit der Wahrnehmung des Problems konnten die bereits entstandenen Fälle von Staatenlosigkeit jedoch nicht geklärt werden und das verhaltene Engagement bei der Unterzeichnung und Ratifizierung des Übereinkommens weist auch auf einen gedämpften politischen Willen der Mitgliedstaaten des Europarates hin, in dieser Frage Entschlossenheit zu zeigen[202].

Der „Ausschuss für bürgerliche Freiheiten, Justiz und Inneres" im Europäischen Parlament veranstaltete im Juni 2007 ein Seminar, um auf die Aktualität des Phänomens der Staatenlosigkeit in Europa nach der Auflösung der UdSSR und der SFRJ aufmerksam zu machen und das Engagement der europäischen AkteurInnen einzufordern. Auch die Situation der „Ausgelöschten" wurde dort erörtert.

> Ungeachtet dieser rechtlichen Weiterentwicklung gibt es in der EU nach wie vor eine Gruppe von Menschen, die im Zuge der Auflösung der UdSSR und der SFRJ staatenlos geworden sind. Sie leben in Lettland, Estland und in geringerer Zahl in Litauen und Slowenien. Betroffen sind jene Personen, die es auch über den Weg einer nachträglichen (Wieder-) Einbürgerung nicht schaffen, einen legalen Status zu erlangen.[203]

Die Vereinten Nationen haben nach dem Zweiten Weltkrieg Bemühungen unternommen, die Situation von Staatenlosen zu verbessern und die Gewährleistung von fundamentalen Grundrechten sicherzustellen. Die „Konvention zur Vermeidung von Staatenlosigkeit von 1954" und die „Konvention zur Vermeidung von Staatenlosigkeit von 1961" stellen die beiden zentralen Dokumente auf internationaler Ebene dar, bieten jedoch keinen Schutz bei de facto Staatenlosigkeit. Das UNHCR ist jene UN-Organisation, die mit der Beobachtung und der Unterstützung der Maßnahmen gegen Staatenlosigkeit beauftragt ist[204]. Die Vereinten Nationen haben das Mandat des UNHCR im Hinblick auf die Frage von Staatenlosigkeit seit Mitte der 1990er Jahre ausgeweitet. Ausge-

---

201 European Convention on Nationality, http://conventions.coe.int/Treaty/en/Treaties/Html/166.htm (06.06.2007).
202 Zum Zeitpunkt Juli 2009 haben dieses Übereinkommen sechs Mitgliedstaaten des Europarates unterzeichnet; in Kraft getreten ist es mit Mai 2009 in Moldawien, Norwegen und im Vereinigten Königreich.
203 Europäisches Parlament, Ausschuss für bürgerliche Freiheiten, Justiz und Inneres: Seminar zum Thema Vermeidung von Staatenlosigkeit und Schutz staatloser Personen in der Europäischen Union in Brüssel am 26. Juni 2007, http://www.europarl.europa.eu/meetdocs/2004_2009/documents/oj/666/666085/666085de.pdf (10.06.2008).
204 http://www.unhcr.at/grundlagen/staatenlosigkeit.html (30.08.2009).

baut wurden insbesondere auch die Informations- und Aufklärungsarbeit über die Aktualität der Staatenlosigkeit.

Auffallend ist, dass sehr häufig in moralisierender Weise auf die Figur des „Recht auf Rechte zu haben" Bezug genommen wird, wenn Staatenlosigkeit thematisiert wird. Meist wird jedoch verschwiegen, wie ernst es Hannah Arendt mit der Wahrnehmung von politischen Rechten war, die durch das Auseinanderfallen von Menschen- und (Staats-)BürgerInnenrechten nicht gewährleistet werden können und insbesondere Staatenlose zu „lebendigen Leichnamen"[205] machen. Hannah Arendt hat auch auf die Paradoxie des Begriffs der „unveräußerlichen Menschenrechte" hingewiesen. Der Begriff des Menschen muss – wenn er politisch brauchbar sein soll die Pluralität der Menschen einschließen. Die historischen Entwicklungen haben jedoch dazu geführt, dass der „Mensch überhaupt" mit dem Glied eines Volkes identifiziert wird[206]. So vermengte sich die Frage der Menschenrechte unentwirrbar mit der Frage der nationalen Emanzipation und des Selbstbestimmungsrechts der Völker.

Mit der Entstehung neuer Staaten auf dem Gebiet der früheren UdSSR und Jugoslawiens nach dem Modell von „Nationalstaaten" aktualisierten sich die Fragen nach StaatsbürgerInnenschaft und Staatsangehörigkeit[207]. Es bestätigte sich einmal mehr, dass eine „systemimmanente" rechtliche Regelung zum Schutz von Staatenlosen in einem internationalen System vom „Nationalstaaten" vor allem deshalb nicht möglich ist, weil die Frage der Menschenrechte mit der im Nationalstaat verwirklichten Volkssouveränität verquickt ist.

Das Phänomen der Staatenlosigkeit zeigt die Grenzen des Konzepts der Staatsangehörigkeit/StaatsbürgerInnenschaft auf. In Frage gestellt wird die Vorstellung, dass jeder Mensch einem Staat effektiv zugehörig ist, auch durch Doppel- oder MehrfachstaatsbürgerInnen. Der Testfall ist jedoch der „Nichtstatus" von Staatenlosen, die den „Standort in der Welt" verloren haben. Die Folgen dieses Verlustes werden, wie bereits zu Hannah Arendts Zeiten, mit Beharrlichkeit und Aussichtslosigkeit auf eine befriedigende Lösung auf internationalen Konferenzen diskutiert[208].

> „Der Entschluß der Staatsmänner, Staatenlosigkeit auf dem Wege der Ignorierung zu lösen, drückt sich auch einmal in dem Fehlen irgendeiner verläßlichen Statistik aus, immerhin weiß man, daß einer Million 'anerkannter' Staatenloser mehr als zehn Millionen sogenannter de facto Staatenloser gegenüberstehen. Und während das vergleichsweise harmlose Problem der de jure Staatenlosen noch gelegentlich

---

205 Arendt: Elemente und Ursprünge totaler Herrschaft, S. 613.
206 Ebenda, S. 604.
207 Benhabib, Seyla: Wer sind Wir? Probleme politischer Identitäten im ausgehenden 20. Jahrhundert, Wien 1997, S. 3f.
208 Arendt: Elemente und Ursprünge totaler Herrschaft, S. 578.

auf internationalen Konferenzen erörtert wird, bleibt das wirkliche Staatenlosenproblem, das mit der Flüchtlingsfrage identisch ist, einfach unerwähnt".[209]

Wenngleich eingeräumt werden muss, dass es eine Ausdehnung der rechtlichen Mechanismen betreffend der Vermeidung und Verminderung von Staatenlosigkeit gibt, ist die Analyse Hannah Arendts von erschütternder Aktualität. Wie schwierig es ist, die „Rechtlosen" wieder in den Rahmen der Legalität zu holen, zeigt sich auch in der Aufrechterhaltung der Unterscheidung zwischen *de facto* und *de jure* Staatenlosigkeit. (*De jure*) staatenlos ist, gemäß Art. 1 der Konvention zur Vermeidung von Staatenlosigkeit von 1954, „eine Person, die kein Staat auf Grund seines Rechtes als Staatsangehörigen ansieht".

> Die Verfasser des Übereinkommens hielten es einerseits für erforderlich, eine Unterscheidung zwischen de-jure-Staatenlosen (die eine Staatsangehörigkeit nicht automatisch oder durch eine eigene Entscheidung kraft Gesetzes eines Staates erhalten haben) und de-facto-Staatenlosen (die ihre Staatsangehörigkeit nicht nachweisen können) zu treffen, erkannten andererseits aber auch die Ähnlichkeit ihrer Situation an. In der Schlussakte des Übereinkommens wird die Frage der de-facto-Staatenlosen in Form einer nicht verbindlichen Empfehlung angesprochen. [...] Die Entscheidung, ob eine [de facto staatenlose] Person Anspruch auf die im Übereinkommen vorgesehene günstige Behandlung hat, trifft jeder Vertragsstaat entsprechend seinen eigenen festgelegten Verfahren.[210]

Damit wird aber auch deutlich, dass die Situation von *de facto* Staatenlosen international nicht geregelt ist. Die Staaten der internationalen Gemeinschaft haben kein Interesse an Öffentlichkeit und Transparenz, was das Phänomen der Staatenlosigkeit betrifft.

Auch in der International Law Commission (ILC) der Vereinten Nationen gibt es Bemühungen, in Fällen der Staatennachfolge ein über den Artikel 15 der Allgemeinen Erklärung der Menschenrechte von 1948[211] hinausgehendes Recht auf eine Staatsangehörigkeit von natürlichen Personen zu definieren. Die Kommission ist sich im Klaren darüber, dass sie sich in einem Bereich engagierte, der „von den Staaten als ihre ureigene Domäne angesehen wird und in dem sie eine weitgehende Gestaltungsfreiheit besitzen"[212]. Den gewöhnli-

---

209 Ebenda, S. 579.
210 UNHCR: Staatsangehörigkeit und Staatenlosigkeit, S. 13.
211 Artikel 15 der Allgemeinen Erklärung der Menschenrechte von 1948 bestimmt ein Recht auf Staatsangehörigkeit: 1. Jeder Mensch hat Anspruch auf Staatsangehörigkeit, 2. Niemandem darf seine Staatsangehörigkeit willkürlich entzogen noch ihm das Recht versagt werden, seine Staatsangehörigkeit zu wechseln. In den erläuternden Erklärungen zu Artikel 15 wird darauf hingewiesen, dass zwar einen Anspruch auf eine Staatsangehörigkeit eingeräumt wird, aber es wird nicht bestimmt, auf welche Staatsangehörigkeit ein solcher Anspruch besteht.
http://www.humanrights.ch/home/?idcat=7
212 Rudolf: Vermeidung von Staatenlosigkeit, S. 72.

chen Aufenthaltsort als ausschlaggebenden Anknüpfungspunkt des Rechts auf Staatsangehörigkeit zu definieren, scheint aus menschenrechtlicher Perspektive wünschenswert, konnte aber als Kompromiss zwischen dem Schutzbedürfnis der betroffenen Menschen und staatlichen Interessen aufgrund des Widerstands zahlreicher Staaten bisher nicht durchgesetzt werden[213].

Auch VerwaltungsexpertInnen in Slowenien lehnten mit Verweis auf den völkerrechtlichen *mainstream*, ein Recht jenseits des Art. 15 der Allgemeinen Erklärung der Menschenrechte ab[214]. Weiters wurde betont, dass auf der Grundlage einer umfassenden Untersuchung aller bestehenden Normen, die seit 1945 die Republiksbürgerschaft geregelt hatten, volle Kontinuität gegeben und die Möglichkeit der Entstehung von Staatenlosigkeit als Folge der Staatensukzession damit praktisch ausgeschlossen sei[215].

Brad Blitz hat Arendts Beschreibung der „Rechtlosen" auf die Situation der „Ausgelöschten" angewandt. Die Übereinstimmung zeigt sich darin, dass die Betroffenen vom Schutz des Staates ausgeschlossen wurden aber weiterhin dessen Jurisdiktion unterworfen waren[216]. Das hat vor allem jene betroffen, die es nicht geschafft hatten, über den Weg der Naturalisierung einen legalen Aufenthaltstitel zu bekommen und zum Teil von de facto Staatenlosigkeit betroffen waren. Blitz verweist darauf, dass es wenige empirische Untersuchungen zu *de facto* Staatenlosigkeit gibt und führt dies auf die Dominanz von Realistischen Ansätzen im Bereich der Internationalen Politik zurück, welche die anhaltende Aktualität der *de facto* Staatenlosigkeit nicht fassen können[217].

Auch in Slowenien dauerten die systematischen Verletzungen von Menschenrechten der als „kulturell Anderen" stigmatisierten an, ohne dass die Probleme der „Ausgelöschten" im öffentlichen Diskurs in Erscheinung getreten wären. Jelka Zorn bezieht sich auf den Begriff der „kulturellen Anästhesierung" nach Theodor W. Adorno und Allan Feldmann, um die „Unempfindlichkeit" gegenüber den Schwierigkeiten und der Aussichtslosigkeit der Situation der „Ausgelöschten" zu erklären[218]. Diese wurden durch Erniedrigung und Ausschließung als „kulturell Andere" konstruiert, deren Leid niemanden kümmerte, da es das Leid der „Anderen" war. Die Wahrnehmung aus der Per-

---

213 Ebenda.
214 Mesojedec Pervinšek, Alenka: Državljanstvo Republike Slovenije, Pravica ali status? [Staatsbürgerschaft der Republik Slowenien, Recht oder Status?], in: Slovenska Uprava, let. 2, št. 4/2002, S. 12f.
215 Ebenda.
216 Blitz, Brad K.: Statelessness and the Social (De)Construction of Citizenship: Political Restructuring and Ethnic Discrimination in Slovenia, in: Journal of Human Rights, 5/2006, S. 454.
217 Ebenda.
218 Zorn, Jelka: The Politics of Exclusion. Citizenship, Human Rights and the Erased in Slovenia, http://www.hsd.hr/revija/pdf/1-2-2004/05-Zorn.pdf (04.04.2008).

spektive der alltäglichen Diskriminierungserfahrung eines Betroffenen bringt die Situation bildhaft zum Ausdruck:

> „V tej državi je bolje biti pes kot pa izbrisani, kajti pravice psov se bolj varujejo in se o njih v javnosti več razpravlja kot o naših pravicah. Vsak dan smo na televiziji lahko gledali poročilo o usodi psov Milene Močivnik, medtem ko našega trpljenja in zavzemanja za naše pravice sploh niso omenjali". (pričevanje, izrečeno na javni skupščini, 26.10.2002)[219]
>
> [„In diesem Staat ist es besser ein Hund zu sein als ein Ausgelöschter. Denn die Rechte der Hunde werden besser geschützt, und es gibt darüber in der Öffentlichkeit auch mehr Debatten als über unsere Rechte. Jeden Tag konnten wir im Fernsehen Nachrichten über das Schicksal des Hundes von Milena Močivnik ansehen, während unser Leid und unser Engagement für unsere Rechte überhaupt keine Erwähnung fanden".[220] (Aussage eines Betroffenen im Rahmen einer öffentlichen Versammlung am 26.10.2002)]

Auch als die „Ausgelöschten" im Zuge des Wahlkampfs zu den Parlamentswahlen 2004 zum Gegenstand von parteipolitischen Auseinandersetzungen wurden, gab es wenig Interesse für ihre Lebensrealitäten. Anstelle der vom Verfassungsgerichtshof geforderten sofortigen und bedingungslosen Eintragung der gesetzwidrig gelöschten EinwohnerInnen in das Bevölkerungsregister folgte die Umdeutung der Betroffenen zu Spekulanten und Ausbeutern des slowenischen Staates und der slowenischen Bevölkerung[221]. Diese Erscheinungsform des Rassismus lässt sich in Verbindung mit rechtspopulistischen Politikstrategien in Slowenien ab 2004 nachweisen. Sie zeigen sich darin, dass Rassismus, Homophobie sowie patriarchalische Versuche, Frauenrechte rückgängig zu machen ebenso zugenommen hatten wie die Kriminalisierung von Jugendsubkulturen und die Verfolgung ethnischer Minderheiten[222].

3.2.4 Die Neuauflage der Frage: Status oder Recht?

Die Ausübung des völkerrechtlich anerkannten Diskretionsrechts souveräner Staaten wirft unvermeidlich die Frage auf, wie die StaatsbürgerInnenschaft als Beziehungsdefinition zwischen Staat und Individuum ausgelegt werden soll. In den Nachfolgestaaten der UdSSR und SRFJ war damit auch eine Neuvermessung nicht nur der institutionellen, sondern auch der sozialen Ordnung ver-

---

219 Ebenda.
220 Milena Močivnik ist als Tierfreundin in den slowenischen Medien bekannt geworden. Sie musste aber ihre Tiere wegen der Kritik von TierschützerInnen und behördlicher Bedenken gegen die Haltung abgeben.
221 Zorn, Jelka: Ethnic Citizenship in the Slovenian State, in: Citizenship Studies, vol. 9, no. 2/2005, S. 150.
222 Jeffs, Nikolai: Die slowenische Kultur des Wartens und der Angst, http://kwml.net/output/?f=&e=58&page=rb_ARTIKEL&a=c9333fb9&c=Osteuropa (14.11.2007).

bunden. Bei der innerstaatlichen Umsetzung haben die Nachfolgestaaten das „konstitutive Staatsvolk" gemäß ihrer „nationalen Interessen" gestaltet[223].

Die rechtshistorischen Analysen geben Auskunft über Kontinuitäten bzw. Brüche in den Fragen der (Staats-)BürgerInnenschaft in den Nachfolgestaaten der SFRJ, die aus der wechselvollen Geschichte des 20. Jahrhunderts resultieren[224]. Bei der Neugründung von Nationalstaaten kommt es unvermeidlich zu Interessenkonflikten zwischen den allgemeinen nationalstaatlichen und individuellen Interessen. Die intensiven Debatten zu Fragen der Verhältnismäßigkeit zwischen den Interessen des/der Einzelnen und dem Staat sowie über die Bedeutung des Internationalen Rechts im Bereich der StaatsbürgerInnenschaft zeugen von deren praktischen und auch politischen Relevanz. In Verbindung mit der Bestimmung der „nationalen Interessen" stellt sie gewissermaßen eine Aktualisierung der Frage dar, ob es sich bei der StaatsbürgerInnenschaft um ein individuelles Recht oder einen Status handelt[225]. Dies lässt sich anhand der zahlreichen Beiträge zum Thema „Staatsbürgerschaft" während der jährlich stattfindenden JuristInnentagung in Portorož im Juni 1999 nachvollziehen. Die Inhalte knüpfen an die international heftig geführte Citizenshipdebatte an. Insbesondere die Fragen, ob es sich bei der (Staats-)BürgerInnenschaft um einen rechtlichen Status oder um eine Praxis handelt bzw. wie das Verhältnis von Menschenrechten und (Staats-)BürgerInnenrechten bestimmt werden kann, deuten auf die unauflöslichen Spannungslinien hin[226].

In diesen Beiträgen wurde auch die rechtliche Situation der „Ausgelöschten" implizit mit verhandelt. In den (verschriftlichten) Vorträgen der „*dnevi javnega prava*" [Tage des Öffentlichen Rechts] im Juni 1999 in Portorož wurde jedoch nicht direkt auf die Situation der „Ausgelöschten" und den verfassungswidrigen Entzug des legalen Aufenthalts Bezug genommen, obwohl die Entscheidung des Verfassungsgerichtshofs der Republik Slowenien bereits im Februar 1999 gefällt worden war und der Auftrag an den Gesetzgeber, die Verfassungswidrigkeit einzelner Bestimmungen des Staatsbürgerschaftsgesetz zu beseitigen, wichtige Rechtsfragen aufgeworfen hatte.

---

223 Mesojedec Pervinšek: Predpisi o državljanih in tujcih, Ljubljana 1997, S. 9.
224 Kač, Miha/Krisch, Miha: Pregled predpisov o državljanstvu 1918 – 1991 [Überblick über das Staatsbürgerschaftsrecht 1918 – 1991], in: 5. dnevi javnega prava, Portorož, 7. – 9. junij 1999, Ljubljana 1999, S. 607 – 646.
225 Žagar, Mitja: Sorazmernost med interesi posameznika in države na področju državljanstva (Nekaj fragmentarnih tez za razpravo), [Die Verhältnismäßigkeit zwischen Interessen des Einzelnen und des Staates im Bereich der Staatsbürgerschaft (Einige fragmentarische Thesen zur Diskussion)], in : 5. dnevi javnega prava, Portorož, 7. – 9. junij 1999, Ljubljana 1999, S. 683 – 696.
226 Mackert, Jürgen/Müller, Hans-Peter (Hg.): Citizenship – Soziologie der Staatsbürgerschaft, Wiesbaden 2000, S. 16f.

3.3 StaatsbürgerInnenschaft als bevölkerungspolitisches Gestaltungsinstrument

Zum Zeitpunkt der Gründung der unabhängigen Republik Slowenien im Dezember 1991 waren rund ein Zehntel der Wohnbevölkerung in Slowenien BürgerInnen anderer Teilrepubliken der SRFJ. Seit der Verfassungsänderung 1974 gab es im Sinne des föderalen Prinzips die BundesbürgerInnenschaft der SFRJ und die BürgerInnenschaft der Teilrepubliken[227]. Es bestand damit ein „gemischtes System", das Gesetzgebungskompetenzen sowohl auf der Bundesebene als auch auf der Ebene der Republiken vorsah. Die auf diese Weise festgelegte „DoppelbürgerInnenschaft" hatte jedoch real innerhalb der SFRJ geringe Bedeutung, da keine besonderen Rechte oder Pflichten aus der RepubliksbürgerInnenschaft abgeleitet wurden. Auf der Ebene des Internationalen Rechts und des Internationalen Privatrechts war die BundesbürgerInnenschaft ausschlaggebend. Diese galt einheitlich für das Gebiet des Gesamtstaates Jugoslawien sowie für den diplomatischen bzw. konsularischen Schutz im Ausland.[228] Im Ergebnis waren die in Slowenien lebenden BürgerInnen anderer Teilrepubliken in Rechten und Pflichten den BürgerInnen in Slowenien völlig gleichgestellt und die Kenntnis bzw. die Bedeutung dieser DoppelbürgerInnenschaft hatten für die Menschen keine unmittelbar erfahrbaren Konsequenzen und war mitunter auch JuristInnen nicht geläufig[229].

Das Konzept der StaatsbürgerInnenschaft hatte in der Organisation der Gesellschaft der SFRJ eine untergeordnete Bedeutung, was sich mit der Entstehung der neuen (National-)Staaten schlagartig veränderte. Das neue Staatsbürgerschaftsgesetz der Republik Slowenien folgte dem *ius sanguinis* Prinzip und knüpfte an die RepubliksbürgerInnenschaft an[230]. Auf diese Weise veränderte sich die Relevanz dieses bis dahin für die Betroffenen praktisch bedeutungslosen rechtlichen Status entscheidend. Im Kontext der Definition des konstitutiven Staatsvolks, der Formulierung der Minderheitenrechte und der diskursiven Erfindung der „neuen Fremden" bildete dies die Grundlage für Ausschlussmechanismen, die in den Fällen der „Ausgelöschten" existenziell bedrohliche Formen annahmen.

---

227 Strobl, Majda/Kristan, Ivan/Ribičič, Ciril: Ustavno pravo SFR Jugoslavije [Verfassungsrecht der SFR Jugoslawien], Ljubljana 1986, S. 114.

228 Kos, Borivoj: Comparative Analisis of Citizenship Laws oft the Newly Emerged States of the Former Yugoslavija, in: Javna uprava, 3/1996, S. 364.

229 Zorn, Jelka: The politics of exclusion during the formation of the Slovenian State, in: Dedić, Jasminka/Jalušič, Vlasta/Zorn, Jelka: The erased. Organized innocence and the politics of exclusion, Ljubljana 2003, S. 93.

230 Dedić, Jasminka: Discrimination in granting Slovenian citizenship, in: Dedić, Jasminka/Jalušič, Vlasta/Zorn, Jelka: The Erased. Organized innocence and the politics of exclusion, Ljubljana 2003, S. 49f.

Neben dem Recht die StaatsbürgerInnenschaft zu definieren bildet die Regelung der DoppelstaatsbürgerInnenschaft ein wichtiges bevölkerungspolitisches Gestaltungsinstrument von (National-)Staaten. Ungeachtet der Veränderungen durch die Transnationalisierung von Staatlichkeit bleibt die Doppel- oder MehrfachbürgerInnenschaft eine Abweichung von der singulären Zuordnungsmöglichkeit von Menschen zu einem konkreten (National-)Staat. Insbesondere bei jenen Staaten, die ihre StaatsbürgerInnenschaft nach dem *ius sanguinis*-Prinzip gestalten, können dabei mehr oder weniger starke Tendenzen festgestellt werden, da großzügigere Regelungen betreffend DoppelstaatsbürgerInnenschaft für die Beibehaltung der StaatsbürgerInnenschaft „eigener" StaatsbürgerInnen im Ausland vorgesehen werden, während bei der Gewährung von DoppelstaatsbürgerInnenschaft restriktiv vorgegangen wird[231].

Die Gesetzgebung der Republik Slowenien im Bereich des Staatsbürgerschaftsrechts wurde in den 1990er Jahren häufig novelliert bzw. ergänzt. Die politischen Intentionen zeigten sich in einer zunehmend restriktiveren Ausgestaltung des Zugangs zur StaatsbürgerInnenschaft. Einen Höhepunkt dieser Bemühungen stellten die mehrfachen Versuche der nationalen Parlamentsparteien dar, eine Aberkennung der auf der Grundlage des Art 40 des Staatsbürgerschaftsgesetzes der Republik Slowenien erworbenen StaatsbürgerInnenschaften (durch Naturalisierung von BürgerInnen anderer Teilstaaten der SFRJ) durchzusetzen. Ein entsprechender Antrag auf Abhaltung eines Referendums wurde vom Verfassungsgerichtshof verhindert, weitere Versuche wurden vom Parlament verhindert. Mit dem Staatsbürgerschaftsgesetz 2002 sollte eine Harmonisierung mit den in der Europäischen Konvention über die Staatsbürgerschaft enthaltenen Grundsätze und Normen erreicht werden. Dies führte zu einer gewissen „Liberalisierung"[232] bzw. zur Angleichung an das StaatsbürgerInnenschaftsregime in den EU-Staaten.

Auch in der Republik Slowenien zeigten die Diskussionen um die DoppelstaatsbürgerInnenschaft eine Verschränkung der „Statusfrage" mit Identitätsdiskursen und Fragen nach dem „Slowenentum", die bis zu Forderungen nach der Aberkennung der „privilegiert" erworbenen StaatsbürgerInnenschaft gemäß dem Artikel 40 reichten und sich auch in einer sehr restriktiven Haltung gegenüber Doppel- und MehrfachstaatsbürgerInnenschaft äußerte und vor allem BürgerInnen aus anderen Teilrepubliken des ehemaligen Jugoslawien betraf[233]. Das durch diese öffentlichen Debatten entstandene politische Klima hat entscheidend dazu beigetragen, dass die Beendigung des Unrechts der Auslöschung und der damit herbeigeführten Illegalisierung zur unlösbaren (rechts-) politischen Frage geworden war und Personen, die nicht die Staats-

---

231 Ebenda.
232 Ebenda.
233 Ebenda.

bürgerInnenschaft der Republik Slowenien erworben hatten, zunehmend Ziel von Feindbildproduktionen und Verschwörungstheorien wurden. Sie wurden zu einer konspirativen Gruppe von angeblichen Mitgliedern der Jugoslawischen Volksarmee zusammengefasst, welche die Unabhängigkeit der Republik Slowenien verhindern wollte und darüber hinaus auch dem Pauschalverdacht ausgesetzt waren, sie wären allesamt „Kriegsverbrecher", die kein Recht auf einen slowenischen Pass bzw. ein Recht auf Aufenthalt in Slowenien haben sollten. Dass zu den 25 671 „Ausgelöschten", einige hundert Armeeangehörige zählten, die wohl kaum 5 300 Kinder und 8 300 Frauen haben konnten, hat eingefleischte VerschwörungstheoretikerInnen nicht überzeugt[234].

Tatsächlich stellten die Mitglieder der JLA eine Gruppe der „Ausgelöschten" dar, für die die Folgen des Verlusts der Staatsbürgerschaft besondere Auswirkungen hatten. Jahrelang gesetzlich nicht gedeckte Einreiseverbote nach Slowenien wurden mit sicherheitspolitischen Argumenten begründet[235]. Von der „Auslöschung" waren aber vor allem ZivilistInnen betroffen. Unter ihnen befanden sich viele Mitglieder der Romagemeinschaften, Minderjährige und Menschen, deren Eintragung in den entsprechenden Registern nicht aktualisiert bzw. fehlerhaft war. Einen wichtigen Schritt bei der Formulierung der Anliegen der „Ausgelöschten" stellte daher die Auflösung des „Staatsfeindbildes" dar, die mit der Veröffentlichung von „Einzelschicksalen" in der Zeitschrift *Mladina* und systematischen Fallsammlungen begonnen wurde[236].

An diesem Punkt zeigt sich die Konfliktlinie, die sich über viele Jahre durch die Debatte um die „Ausgelöschten" nachvollziehen lässt. Mit völkerrechtlichen Argumentationen wurde hervorgehoben, dass es im Zusammenhang mit den Fällen von Staatennachfolge nach dem Zerfall der SFRJ keine Fälle von *de jure* Staatenlosigkeit gegeben habe[237]. Diese Argumentationslinien stützten die Leugnung der Problematik der Folgen des administrativen Akts der „Auslöschung". Die Verantwortlichkeit für den Status der „Rechtlosigkeit" wurde damit jenen Menschen zugeschrieben, die 1991 nicht um Staatsbür-

---

234 Krivic, Matevž: Stare in nove neresnice o izbrisanih [Alte und neue Unwahrheiten über die Ausgelöschten], http://www.izbrisani.org/Stare%20in%20nove%20neresni ce%20o%20izbrisanh.htm (29.08.2009).
235 Bratož, Nataša/Hanžek, Matjaž/ Samaluk, Barbara: Problematika „izbrisanih" v letnih poročilih Varuha [Sonderbericht: Die Problematik der „Ausgelöschten" in den Jahresberichten des Ombudsmanns für Menschenrechte], Ljubljana 2004, S. 17f.
236 Mekina, Igor: Izbris izbrisa [Die Auslöschung der Auslöschung] in: Časopis za kritiko znanosti, domišljijo in novo antropologijo let. 35, št. 228/2008, S. 160f.
237 Mesojedec Pervinšek, Alenka: Učinek mednarodnega prava v notranjem pravu Republike Slovenije na področju državljanstva [Die Wirkung des internationalen Rechts auf das innerstaatliche Recht der Republik Slowenien im Bereich der Staatsbürgerschaft], in: 5. Dnevi javnega prava: Portorož, 7. - 9. junij, 1999, Ljubljana 1999, S. 656.

gerInnenschaft der Republik Slowenien angesucht haben oder deren Ansuchen abgelehnt wurde.

In der (verwaltungsrechtlichen) Realität zeigten sich weitaus komplexere Sachverhalte, die – ungeachtet der abstrakten juristischen Kontinuität – zu prekären Situationen geführt haben. In der Aussichtslosigkeit vieler Betroffener zeigte sich der Interessenkonflikt zwischen „staatlichen" Interessen und den Interessen „natürlicher Personen" in Fällen der Staatennachfolge, die auch die Frage der Geltung der Menschenrechte im Bereich des Verwaltungsrechts berührte. Verwaltungstechnisch wurde die „Auslöschung" durch eine unspektakuläre Datenübertragung durchgeführt, die jedoch für die Betroffenen der Beginn einer dramatischen und traurigen Agonie wurde[238].

Konfliktreich gestaltete sich in der Folge das Zusammentreffen juristischer und sozialwissenschaftlicher Analysen dieser Verwaltungspraxis, insbesondere als letztere die Ausschließungsfunktion des StaatsbürgerInnenschaftskonzepts thematisierten. Während die Bedeutung der StaatsbürgerInnenschaft bei der Konstituierung des *demos* aus rechtspolitischer Sicht hervorgehoben wurde[239], betonen andere die Fiktion der Einheitlichkeit des Status des „Staatsbürgers" und kritisieren die Reethnisierung über das Recht und die damit verbundenen Exklusionen[240].

Die beharrlichen kritischen Interventionen zeigten Wirksamkeit. Zunehmend wurde die Bedeutung der Menschenrechte im Verwaltungsrecht thematisiert und die Realität zeigte viele Anwendungsfälle unter den „Ausgelöschten"[241]. Die juristischen Analysen erreichten aufgrund der vielfältigen brisanten Fragestellungen in den folgenden Jahren eine Differenziertheit, die an der rechtlichen Qualifizierung der „Auslöschung" als grobe Grundrechtsverletzung keinen Zweifel mehr ließ[242]. Die politischen Interpretationen blieben dennoch umstritten und es dauerte mehr als 18 Jahre bis ein ernsthafter Versuch einer Beseitigung des Unrechts umgesetzt werden konnte, was wiederum

---

238 Bugarič, Bojan: Upravno pravo in človekove pravice: Primer izbrisanih [Verwaltungsrecht und Menschenrechte: Der Fall der Ausgelöschten], in: Ljubo, Bavcon (Hg.): Pravne razsežnosti človekovih pravic, Ljubljana 2006, S. 132.
239 Mesojedec Pervinšek, Alenka: Med stroko in politiko. Dvojno Državljanstvo [Zwischen Fachdisziplin und Politik. Die Doppelstaatsbürgerschaft], in: Slovenska uprava, let. 2, št. 1/2002, S. 14f.
240 Zorn, Jelka: „Mi, etno-državljani etno-demokracije". Nastajanje slovenskega državljanstva [„Wir, die Ethno-Staatsbürger der Ethno-Demokratie". Die Entstehung der slowenischen Staatsbürgerschaft], in: Časopis za kritiko znanosti, domišljijo in novo antropologijo, let. 35, št. 228/2008, S. 17f.
241 Bugarič: Upravno pravo in človekove pravice, S. 132f.
242 Teršek, Andraž: Ustavnopravna strnjenka problema izbrisanih [Das verfassungsrechtliche Substrat des Problems der Ausgelöschten], in: Pravna praksa, let. 20, št. 49 – 50/2008, priloga, S. I – VIII.

erheblichen Widerstand der nationalistischen und konservativen Parteien im Parlament hervorrief.

3.3.1 Staatsvolk – (anerkannte) Minderheiten – Fremde

Mit der Entstehung eines neuen Staates wird das Recht des neuen „Souveräns" begründet, auf der Ebene des innerstaatlichen Rechts – unter Berücksichtigung der internationalen Verpflichtungen – zu definieren, wer zum Staatsvolk gehört. Es existiert allerdings keine allgemeingültige juristische Definition des „Volkes".[243] Die im internationalen Recht verankerte Praxis der Festlegung des Staatsvolkes bei der Neugründung von (National-)Staaten wird entweder vom *demos* oder vom *ethnos* abgeleitet. Diese Unterscheidung ist für die Begründung von der als „StaatsbürgerInnenschaft" oder „Staatsangehörigkeit" bezeichneten Beziehungsdefinition von Individuen zum konkreten (National-)Staat folgenreich.

Die Festlegung der anerkannten Minderheiten ist damit eng verbunden und wirft vielfältige Fragen auf. Die Gründung neuer Staaten nach dem Prinzip „One State" „One Nation" erfordert nicht nur die Definition des „Staatsvolks", sondern auch die Feststellung der anerkannten Minderheiten(-rechte)[244]. In dieser Hinsicht bildete die Situation in Slowenien „einen Mikrokosmos" aller in den Nachfolgestaaten der SFRJ auftretenden „Nationalitätenfragen". „Für die innere Stabilität der Republik Slowenien stellte sich die Klärung der Statusfrage und die sozioökonomische Situation der ehemals jugoslawischen StaatsbürgerInnen, die ethnisch nicht als SlowenInnen galten, als brisanter heraus als die 'klassischen Minderheitenfragen'"[245].

Bei der Formulierung von Minderheitenrechten ist die Unterscheidung in „autochtone" und „nichtautochtone" Minderheiten grundlegend[246]. Dies hat in Slowenien dazu geführt, dass einem beachtlichen Teil der Bevölkerung kein kollektiver Schutz hinsichtlich kultureller Rechte und Sprachenrechte zugestanden wurde, die üblicherweise im Rahmen des Minderheitenschutzes gewährt werden. Das betraf insbesondere die „neuen Fremden", die zuvor unab-

---

243 Schmied-Kowarzik, Robin: Die Europäische Union und ihre ethnischen Minderheiten. Eine Studie unter besonderer Berücksichtigung von Slowenien und Lettland, Berlin 2007, S. 35.

244 Žagar, Mitja: Nationality, Citizenship and Protection of Ethnic Minorities: The Case of the Republic of Slovenia, in: Stern, Brigitte (ed.): Dissolution and Succession in Eastern Europe, Den Haag 1998, S. 120f.

245 Calić, Marie-Janine: Nationalitätenfrage und Minderheitenpolitik in Slowenien, in: Bircke, Dieter: Minderheiten im östlichen Mitteleuropa: Deutsche und europäische Optionen, Baden-Baden 1995, S. 170f.

246 Pan, Christoph: Die Minderheitenrechte in Slowenien, in: Ders./Pfeil, Beate S. (Hg.Innen): Minderheitenrechte in Europa, Handbuch der europäischen Volksgruppen (Bd. 2), Wien-New York 2006, S. 504f.

hängig von ihrer ethnischen Zuordnung formal gleichberechtigte MitbürgerInnen waren. Die Entwicklung in Slowenien erforderte eine Präzisierung der Fragen des internationalen Minderheitenschutzes, die auch in anderen Staaten der EU Bedeutung erlangt haben. Wie Mitja Žagar feststellt, ist jedoch angesichts der Zunahme von Rassismus und Xenophobie in Europa eine Infragestellung der Unterscheidung zwischen so genannten „autochtonen" und „nichtautochtonen" Minderheiten nicht zu erwarten[247]. Außerdem zeigen andere minorisierte Gruppen von Menschen, die sich weder zu der einen noch der anderen Kategorisierung ohne weiteres zuordnen lassen, welche Grenzen mit dem nationalstaatlichen Souveränitätsverständnis verbunden sind[248].

In Slowenien zeigten sich die Schwierigkeiten des rechtlichen „Minderheitenschutzes" insbesondere für Roma und Sinti, die in „autochtone" und „nichtautochtone" Gruppen gespalten wurden und besonders häufig von der „Auslöschung" betroffen waren, da viele von ihnen nicht als BürgerInnen der Teilrepublik Slowenien registriert waren und um die slowenische StaatsbürgerInnenschaft nach Artikel 40 ansuchen mussten[249]. Miran Komac hat auf diesen *„gap between legal und societal citizenship"* hingewiesen, der sich in einem relativ weitreichenden rechtlichen Schutz der „anerkannten" Minderheiten und einer völlig undefinierten Haltung des Staates gegenüber den neu entstandenen Minderheiten zeigte, die auf eine *„silent assimilation"* schließen lassen[250].

3.3.2 Die Ethnisierung und Transnationalisierung von BürgerInnenschaft

Die Ausgestaltung der (nationalen) StaatsbürgerInnenschaften und der (supranationalen) UnionsbürgerInnenschaft weisen auf die grundlegende Verfasstheit der neu entstehenden politischen Räume hin und geben Auskunft über die demokratische Machtverteilung, die in ihnen etabliert werden. Die Ausgestaltung der BürgerInnenschaft in Europa ist heute klarer formuliert als zu Beginn der 1990er Jahre. Mit der Ableitung der EU-BürgerInnenschaft von der StaatsbürgerInnenschaft in einem Mitgliedsstaat der Europäischen Union ist sie hinsichtlich der Erwartungen weit hinter den diskutierten Möglichkeiten einer neuen Form transnationaler BürgerInnenschaft zurückgeblieben.

---

247 Žagar: Nationality, Citizenship and Protection of ethnic Minorities, S. 137f.
248 Schmied-Kowarzik, Robin: Die Europäische Union und ihre ethnischen Minderheiten. Eine Studie unter besonderer Berücksichtigung von Slowenien und Lettland, Berlin 2007, S. 54f.
249 Dedić: Discrimination in granting Slovenian citizenship, S. 61.
250 Komac: Forming a New Nation-State and the Repression or Protection of Ethnic Minorities, S. 276.

Die Bestimmung der Zugehörigkeit zu einer politischen Gemeinschaft über das Konzept der StaatsbürgerInnenschaft stellt eine Entscheidungen über Inklusion und Exklusion dar und hat bei näherer Betrachtung immer einen exklusiven Charakter. Die Ausgestaltung der nationalen Gesetzgebungen in den Nachfolgestaaten Jugoslawiens sowie die konkrete Ausgestaltung der EU-BürgerInnenschaft, die von den jeweiligen nationalen StaatsbürgerInnenschaften abgeleitet wird, zeugen vom latenten Konfliktpotenzial. Im einen Fall sind es die BürgerInnen der Teilrepubliken der SFRJ, im anderen Fall sind es die so genannten „Drittstaatsangehörigen", die vom Ausschluss umfassender gesellschaftlicher und politischer Teilhabe bzw. der Ausübung der Bewegungsfreiheit betroffen sind[251]. (Staats-)BürgerInnenschaft fungiert als sichtbares, gleichsam symbolhaftes Instrument der sozialen und territorialen Grenzziehung. Diese fiktiven Grenzen werden zu zentralen Institutionen bei der Herausbildung sozialer Verhältnisse[252]. Deren Auswirkung auf die Verfasstheit eines zukünftigen Europas legt nahe, Zusammenhänge zwischen den Entwicklungen der nationalen (Staats-)BürgerInnenschaften und der UnionsbürgerInnenschaft zu diskutieren.

Bei der Regelung der StaatsbürgerInnenschaft der neu gegründeten Republik Slowenien wurde an die RepubliksbürgerInnenschaft angeknüpft und wie bereits ausgeführt, wurde damit ein bis dahin bedeutungsloser Status zum Anknüpfungspunkt für die neue StaatsbürgerInnenschaft[253]. Den EinwohnerInnen aus anderen Teilrepubliken, die zu einem festgesetzten Zeitpunkt ihren permanenten Wohnsitz in Slowenien hatten, wurde ein Optionsrecht auf die slowenische StaatsbürgerInnenschaft eingeräumt. Von besonderer (deklaratorischer) Bedeutung ist auch die sogenannte „izjava o dobrih namenih" von 1990, in der den Angehörigen der italienischen und der ungarischen Minderheit sowie den in Slowenien lebenden Menschen anderer jugoslawischer „Nationen und Nationalitäten" zugestanden wurde, dass sich ihr politischer Status nicht verändern würde – unabhängig vom Ausgang des Referendums über die Unabhängigkeit Sloweniens von der SFRJ im Dezember 1990.

Nach dem Zerfall der SFRJ haben sich alle Nachfolgestaaten auf das in der Haager Konvention von 1933 begründete „Diskretionsrecht" berufen und neue Staatsbürgerschaftsgesetze erlassen. Bei der Berücksichtigung von BürgerInnen anderer ehemaliger Teilrepubliken sind sie unterschiedliche Wege gegangen. Die Republik Kroatien ermöglichte den BürgerInnen der anderen Teil-

---

251 Kostakopoulou, Theodora: Invisible Cititzens? Long-term Resident Third-country Nationals in the EU and their Struggle for Recognition, in: Bellamy, Richard/Warleigh, Alex: Citizenship and Governance in the European Union, London/New York 2001, 180f.
252 Balibar: Sind wir Bürger Europas?, S. 113f.
253 Jalušič, Vlasta: Organized Innocence, in: Dies. /Dedić, Jasminka/Zorn, Jelka: The erased. Organized innocence and the politics of exclusion, Ljubljana 2003, S. 12 f.

republiken unter den gleichen Bedingungen wie anderen „Fremden", die kroatische StaatsbürgerInnenschaft zu erwerben. Die Bundesrepublik Jugoslawien hat – ähnlich wie Slowenien – die Möglichkeit des Erwerbs der StaatsbürgerInnenschaft an den ständigen Wohnsitz mit dem Zeitpunkt der Gültigkeit der Verfassung (27.04.1992) geknüpft, während die Republik Bosnien und Herzegovina automatisch alle Personen zu ihren StaatsbürgerInnen zählte, die 1992 dort ihren ständigen Wohnsitz hatten[254]. Diese Entscheidungen sind nicht willkürlich getroffen worden, sondern zeigen den politischen Gestaltungsspielraum bei der Definition des „konstitutiven Staatsvolks" auf, der im Sinne der „nationalen Interessen" ausgefüllt wird[255].

Alle Nachfolgestaaten beriefen sich dabei auf den Grundsatz der Kontinuität, um *de jure* oder *de facto* Staatenlosigkeit zu verhindern[256]. Vertragliche Vereinbarungen zwischen den Nachfolgestaaten waren zu diesem Zeitpunkt jedoch nicht erreichbar, zumal Serbien und Montenegro Slowenien noch nicht anerkannt hatten und die Kriegshandlungen in Bosnien und Kroatien eine Einigung unmöglich machten[257]. Dennoch wurden Vorschläge, jenen Personen, die nicht die slowenische StaatsbürgerInnenschaft erworben hatten und dennoch in Slowenien ihren ständigen Aufenthalt hatten, zumindest ein unbefristetes Aufenthaltsrecht zuzusprechen mit den Argumenten zurückgewiesen, dass diese Fragen durch bilaterale Abkommen mit den anderen Nachfolgestaaten zu regeln seien[258]. Einzelne Abgeordnete haben einen Ergänzungsantrag gestellt, der jenen Personen, die nicht vom Optionsrecht Gebrauch machen, den permanenten Aufenthalt zu sichern. Diese Vorschläge fanden jedoch bei der Abstimmung im Parlament keine Mehrheit[259].

3.3.3 Die Bedeutung der Grenzen

Die rechtliche Dimension der Grenze bezieht sich auf die Geltung von Normensystemen innerhalb eines bestimmten Gebiets. „Ihr Sinn ist nicht die Trennung von Menschen und Dingen, sondern die Trennung der räumlichen Anwendungsbereiche zweier Normensysteme"[260]. Wenn neue Staaten gebildet

---

254 Kos: Comparative Analisis of Citizenship Laws of the Newly Emerged States of the Former Yugoslavia, S. 365.
255 Mesojedec Pervinšek: Predpisi o državljanih in tujcih, S. 9.
256 Mesojedec Pervinšek: Učinek mednarodnega prava v notranjem pravu Republike Slovenije na področju državljanstva, S. 656.
257 Ebenda.
258 Pistotnik: Kronologija izbrisa. 1990 – 2007, S. 205.
259 Mekina, Borut: Vedeli so, kaj delajo [Sie haben gewusst, was sie tun], in: Mladina, št. 09/2008, http://www.mladina.si/tednik/200645/clanek/uvo-uvodnik--grega_repovz/ (05.05.2008).
260 Kimminich/Hobe: Einführung in das Völkerrecht, S. 78.

werden, müssen folglich auch die Grenzen neu gezogen werden. Im Fall der Nachfolgestaaten der SRFRJ wurde das *uti possidetis*-Prinzip angewendet. Das heißt, dass die bisherigen Grenzen zwischen den Bundesstaaten mit der Unabhängigkeit Sloweniens zu völkerrechtlichen Grenzen wurden. Abgesehen von dieser rechtstechnischen Dimension haben Grenzen auch eine symbolische und soziale Dimension. Da es keine „natürlichen" Grenzen gibt, stellt sich die Frage, wie konkrete Grenzziehungen konstruiert und legitimiert werden.

Die bis dahin administrativen Grenzen zwischen den Bundesstaaten wurden zu völkerrechtlichen Grenzen, die genaue Grenzziehung ist nach wie vor Gegenstand bilateraler und internationaler Verhandlungen und führte bis Ende September 2009 auch zu einer Blockade des EU-Beitrittsprozesses der Republik Kroatien durch Slowenien[261]. Die Republik Slowenien, die im Januar 2008 nach intensiven Vorbereitungen und schrittweiser Ausrüstung für ein „effizientes Bordermanagement" die Kontrolle der „Schengenaußengrenze" übernommen hat, gilt im Hinblick auf die Verschiebung der EU-Außengrenze aus einer sicherheitsstrategischen Perspektive als modellhaft.

> Slovenia's case is special, but its experience provides a useful example of the relative importance in sharping border management of political rationale (EU membership), functional needs (protecting sovereignty and controlling migration), and social-economic conditions (Slovenia being a relatively rich and cohesive society).[262]

Die südliche Grenze Sloweniens war bis zur staatlichen Selbständigkeit Sloweniens – abgesehen von der Zeit des Ustaša-Staates zwischen 1941 und 1945 – von der Gründung des ersten jugoslawischen Staates (Država Slovencev, Hrvatov in Srbov, SHS) eine vorwiegend administrative Grenze[263]. Die Grenze zwischen der Republik Slowenien und der Republik Kroatien unterlag daher 1991 einem (mehrfachen) Qualitäts- und Funktionswechsel[264]. Insbesondere die Grenze zwischen Slowenien und Kroatien wurde zur Sicherheitszone der nichtdokumentierten Migration stilisiert. Die offizielle Politik Sloweniens hat bereits im Vorfeld des EU-Beitritts die Umsetzung dieser Grenzziehung und eine polizeiliche Aufrüstung forciert[265]. Im Zuge der Vorbereitungen auf den

---

261 http://www.euractiv.de/erweiterung-und-partnerschaft/artikel/kroatien---ende-der-beitrittsblockade-002073 (02.10.2009).
262 Hills: Border security in the Balkans, S. 57.
263 Veres, Andreas: Slowenien – Ein Grenzland mit Vorbildfunktion, Baden-Baden 2008, S. 154.
264 Iveković, Rada: Grenzen übersetzen Schranken des Nationalismus, Transnationalismus und Translationismus, http://eipcp.net/transversal/0608/ivekovic/de (22.05.2008).
265 Zavratnik Zimić, Simona: Perspektiva konstruiranja schengenske „e-meje": Slovenija [Ausblick auf die Konstruktion der Schengen „e-Grenze": Slowenien], in: Milhonić, Aldo (Hg.): Evropski Vratarji, Migracijske in Azilne Politike v vzhodni Evropi, Ljubljana 2002, S. 80f.

Beitritt zum Schengenraum wurde dies noch weiter perfektioniert. Der beträchtliche finanzielle und technische Aufwand und der hohe Personaleinsatz an der Schengenaußengrenze hat neben der Bezugnahme auf den Begriff der „Festung Europa" auch die Wortschöpfung „Schengen Curtain"[266] hervorgebracht, womit auch die massiven Einschränkungen der sozialen Beziehungen durch den Funktionswandel der Grenze zwischen Kroatien und Slowenien erklärbar werden. „Die Öffnung der Tore Richtung Westen" und ihre Schließung im Osten und die Entwicklung homogenisierter Kulturen in den Nationalstaaten beschränken den demokratischen Raum „auf die für diese Kulturen und Staaten repräsentativsten Individuen und legitimier[en] dadurch in Wirklichkeit Ideologien des Rassismus, Nationalismus, Eurozentrismus"[267].

---

266 Veres: Slowenien – Ein Grenzland mit Vorbildfunktion, S. 118f.
267 Jeffs: Die slowenische Kultur des Wartens und der Angst, siehe: Fn. 223.

*Ko mojih podatkov ni bilo
niti v registru slovenskih državljanov
niti v registru prebivalcev, sem mislila,
da gre za eno tistih briokratskih zmešnajv,
ki človeku vsamejo dodatno uro časa*

Ne pa šestnajst let.

*[When my personal data became missing
in both the register of Slovenian citizens
and the register of Slovenian residents,
I assumed it was just one of those red-tape confusions
that take about an hour of our time to clear them up.*

But not sixteen years.] [268]

4 Die Geschichte eines Kampfes

Es sollen nun die Entwicklungen nachgezeichnet werden, die nach der Eigenstaatlichkeit der Republik Slowenien zu einer konfliktreichen Auseinandersetzung um gesellschaftliche Teilhabe und Anerkennung der Rechte der „Ausgelöschten" geführt hat. Im Mittelpunkt steht dabei der als „Auslöschung" bezeichnete Entzug des legalen Aufenthaltsrechts jener Personen, die von ihrem Optionsrecht auf den Erwerb der Staatsbürgerschaft der Republik Slowenien keinen Gebrauch gemacht hatten bzw. machen konnten. Die Darstellung der verwaltungstechnischen Prozeduren, deren Folgen für die Betroffenen sowie der rechtlichen Sanierungsversuche soll die verschiedenen Phasen des mehr als 18 Jahre andauernden Kampfes nachvollziehbar und die verschiedenen AkteurInnen sichtbar machen. Die ausführliche Beschreibung der rechtlichen Umsetzung der „Auslöschung" soll die Ausübung und Manifestation von Herrschaft durch formelle Prozeduren des Rechts und die Wirkungsweise von Praxen des institutionellen Rassismus im konkreten Fall nachvollziehbar machen.

4.1 Der Verlust des legalen Aufenthaltsstatus

Vor dem Hintergrund der in den vergangenen Kapiteln skizzierten gesellschaftspolitischen Veränderungen in Ost- und Südosteuropa, stellten sich im Zuge der Entstehung neuer Staatsgebilde die Frage nach den zukünftigen

---

268 Aussage einer Betroffenen, die als Intervention im öffentlichen Raum anlässlich des 16. Jahrestages der „Auslöschung" an verschiedensten Orten mit Plakaten, Flyern ect. verbreitet wurde, www.izbrisan17let.si (16. 11. 2008).

Verfassungen. Die Marktakteure brauchten dringend einen verfassungsrechtlichen Rahmen der die „tagespolitischen Entscheidungen der Regierungen und Parlamente transzendiert"[269]. Die Frage der zukünftigen Gestaltung der Föderation hatte in Jugoslawien bereits in den 1980er Jahren zur Neuauflage der Verfassungsfrage geführt und es war nicht gelungen, auf dem Weg der Kontinuität Verfassungen für die neuen Staatsgebilde auszuhandeln[270].

In Slowenien wurden Ende der 1980er Jahre mehrere Verfassungszusätze beschlossen, die den Ausstieg aus der Föderation auf der Verfassungsebene vorbereiteten. Das 99. Amendment zur Verfassung der Republik Slowenien, welches am 22. Februar 1991 beschlossen wurde, bildete „die normative Basis für die souveräne Lenkung der innen- und außenpolitischen Angelegenheiten Sloweniens"[271]. Es ermöglichte gemeinsam mit den zuvor erlassenen Zusätzen eine eigene staatliche Ordnung mittels einzelner Verfassungsgesetze, Gesetze und anderer Vorschriften zu konstituieren[272]. Die Beschlussfassung der „*temeljna ustavna listina o samostojnosti in neodvisnosti Republike Slovenije*" [Grundlegenden Verfassungsurkunde über die Selbständigkeit und Unabhängigkeit der Republik Slowenien] am 25. Juni 1991 stellte einen entscheidenden formalen Schritt zur Durchsetzung der staatlichen Unabhängigkeit dar. Darin wurde Sloweniens Unabhängigkeit proklamiert und die Gültigkeit der Verfassung der SFRJ außer Kraft gesetzt. Zur Umsetzung dieser Verfassungsurkunde wurde ein Verfassungsgesetz verabschiedet, das die Übernahme der staatlichen Funktionen in den verschiedenen Bereichen regelte[273] und auch einen Teil der im Dezember 1990 beschlossenen „*izjava o dobrih namenih*" verfassungsgesetzlich verankerte[274]. Gleichzeitig mit diesem Verfassungsgesetz traten am 25. Juni 1991 weitere „staatsbildende" Gesetze in Kraft. Zu ihnen gehört neben dem Fremdengesetz, dem Passgesetz, dem Gesetz über die Überwachung der Staatsgrenzen auch das Staatsbürgerschaftsgesetz, womit die Bedeutung dieser Materie für die Konstituierung neuer Staaten deutlich zum Ausdruck kommt.

Die Ausgestaltung des Staatsbürgerschaftsrechts der neu entstandenen Republik Slowenien sieht neben dem häufigsten Erwerbsgrund der StaatsbürgerInnenschaft durch Abstammung nach dem *ius sanguinis*-Prinzip auch sehr eingeschränkt Elemente des *ius soli* vor. Weiters ist der StaatsbürgerInnen-

---

269 Arato, Andrew verweisend auf Jože Mencinger, in: Bruch oder Kontinuität? Verfassungsdebatten in den neuen Demokratien, in: Transit. Europäische Revue, Nr. 9/1995, S. 6.
270 Ebenda, S. 12.
271 Cerar: Die verfassungsrechtlichen Grundlagen der Konstituierung des Staates Slowenien, S. 112.
272 Ebenda.
273 Kavčič/Grad: Ustavna ureditev Republike Slovenije, S. 61.
274 Mesojedec Pervinšek: Predpisi o državljanih in tujcih, S. 11.

schaftserwerb durch Verleihung oder aufgrund internationaler Verträge möglich[275]. Abgesehen vom Erwerb der StaatsbürgerInnenschaft durch Geburt ist in der Praxis die Einbürgerung der wichtigste Erwerbsgrund, der an eine entsprechende Antragstellung und das Vorliegen von bestimmten Voraussetzungen anknüpft. Eine erleichterte Form dieses auch als „Naturalisierung" bezeichneten Erwerbsmodus ermöglichte der Artikel 40 des Staatsbürgerschaftsgesetzes der Republik Slowenien. Er bot BürgerInnen anderer Teilrepubliken der SFRJ unter der Bedingung, dass diese am Tag des Referendums über die Selbständigkeit und Unabhängigkeit der Republik Slowenien (23. Dezember 1990), ihren Wohnsitz in Slowenien gemeldet hatten und tatsächlich in Slowenien lebten, die Option, um die slowenische StaatsbürgerInnenschaft anzusuchen[276]. Diese Regelung kann als Anerkennung der Heterogenität der Bevölkerung Sloweniens verstanden werden[277]. Ungeachtet der späteren Restriktionen im Staatsbürgerschaftsgesetz, haben mehr als 171.000 Personen von ihrem Optionsrecht Gebrauch gemacht und sind auf diese Weise StaatsbürgerInnen der Republik Slowenien geworden.

Diese unterschiedlichen Erwerbsmöglichkeiten führen zu einer Hierarchisierung des Status der (Staats-)BürgerInnenschaft. Die ethnische Grundlegung der slowenischen StaatsbürgerInnschaft drückt sich im automatischen Erwerb der im Republiksverzeichnis eingetragenen BürgerInnen Sloweniens nach dem *ius sanguinis* Prinzip und in den erleichterten Möglichkeiten der Naturalisierung für „AuslandsslowenInnen" aus. Die diskriminierenden Momente dieser Hierarchisierung verwirklichen sich in verschiedener Weise. Sie zeigten sich in den wiederholten Versuchen der Aberkennung der auf Grundlage des Artikel 40 des Staatsbürgerschaftsgesetzes erworbenen StaatsbürgerInnenschaft und noch dramatischer im rechtswidrigen Entzug des Aufenthaltsrechts derjenigen BürgerInnen aus anderen Teilrepubliken der SFRJ, die nicht von ihrem Optionsrecht Gebrauch gemacht hatten, oder abgewiesen wurden[278]. Die Unterscheidung in verschiedene Gruppen von StaatsbürgerInnen konnte auch in der mittelbaren Diskriminierung bei der Formulierung von Anspruchsvoraussetzungen für soziale Transferleistungen nachgewiesen werden[279].

Die durch Parteien des rechten Lagers wiederholten Forderungen nach einer Aberkennung der bereits auf dieser gesetzlichen Grundlage erteilten StaatsbürgerInnenschaften bestätigen, dass die im Konzept der Staatsbür-

---

275 Ebenda.
276 Zakon o državljanstvu Republike Slovenije (ZDRS), Uradni list RS, št.1/91-I.
277 Žagar: Nationality, Citizenship and Protection of ethnic Minorities, S. 126.
278 Zorn, Jelka: Oris slovenskega državljanstva – od ius sanguinis k evropskemu apartheidu [Grundzüge der slowenischen Staatsbürgerschaft – vom ius sanguinis zur europäischen Apartheid], in: Poročilo Skupine za spremljanje nestrpnosti (št. 4), Ljubljana 2005, S. 152.
279 Dedić: Discrimination in granting Slovenian citizenship, S. 74.

gerInnenschaft behauptete Freiheit und Gleichheit vor dem Gesetz eine rechtliche Fiktion ist. Mit der Neudefinition des BürgerInnenstatus als Mitgliedschaft in einem Nationalstaat ist „notwendigerweise" auch eine Ausschließung verbunden. Im konkreten Fall führte der Bruch mit der alten Ordnung zur Reethnisierung der StaatsbürgerInnenschaft, welche die Marginalisierung von ethnisierten und sozial randständigen Gruppen verstärkte. MigrantInnen und VertreterInnen der Romagemeinschaften sind zunehmendem Assimilierungsdruck und Diskriminierung ausgesetzt[280]. Die Frage der „Slowenisierung" von den „Zugezogenen" bzw. der Aberkennung der StaatsbürgerInnenschaft bei fehlender „Assimilierungsfähigkeit" bildete die Grundlage für chauvinistische und rassistische Diskurse nationaler Identitätsphantasmen[281].

Es gab zehn Jahre lang keine genauen Daten über die Anzahl der Personen, die aus dem Einwohnerregister gestrichen worden waren. Die Zahlen variierten je nach den zugrundeliegenden Daten. Die Internationale Helsinkiföderation für Menschenrechte analysierte die Situation 1999 folgendermaßen:

> Of a total of 130,000 former permanent residents erased from the resident records, some 90,000 had left Slovenia, seeking refuge abroad. The remaining 40,000, including children and youths born in Slovenia, lived virtually outside law. Being non-citizens, they had no right to education in state-run schools, social and health insurance, employment, pensions, property, privatization shares, and other social and political rights. Nor were they entitled to social welfare benefits or state-allocated humanitarian aid. As a result, they were pushed outside society and human solidarity. The problem was particularly acute among the Roma, many of whom did not possess any valid identification documents.[282]

Im Jahr 2002 veröffentlichte das Innenministerium der Republik Slowenien die Zahl von 18 305 Personen, die nicht fristgerecht um die slowenische Staatsbürgerschaft angesucht hatten. Diese Daten wurden in der Folge den weiteren Analysen zu Grunde gelegt. Neuerliche statistische Untersuchungen durch das Innenministerium der Republik Slowenien im Januar 2009 ergaben folgendes Bild[283]: Am 26. Februar 1992 endete die Meldung des Hauptwohnsitzes für 25 671 Personen, von denen 1302 als „verstorben" registriert waren. Unter den verbleibenden 24 369 Personen befanden sich zu diesem Zeitpunkt 7 313 Bür-

---

280 Ebenda, S. 61f.
281 Kuzmanić: Hate Speech in Slovenia, S. 39ff.
282 International Helsinkifederation for Human Rights, Annual Report 1999: Slovenia, http://www.ihf-hr.org/documents/doc_summary.php?sec_id=3&d_id=3943 (14.09.2007).
283 Statistični podatki na dan 24.1.2009 o osebah, ki jim je dne 26.2.1992 prenehalo prijava stalnega prebivališča v Republiki Sloveniji („izbrisani") [Statistische Daten der Personen, deren Hauptwohnsitzmeldung in der Republik Slowenien mit 26. 2. 1992 geendet hat („die Ausgelöschten"), Stand: 24. 01. 2009, http://www.mnz.gov.si/file admin/mnz.gov.si/pageuploads/2009/izbrisani-koncni_podatki.pdf (26.08.2009).

gerInnen aus anderen Teilrepubliken der SFRJ, die nach dem 26. Feber 1992 die StaatsbürgerInnenschaft der Republik Slowenien erworben haben. 3630 der StaatsbürgerInnen aus den anderen Nachfolgestaaten haben ein Aufenthaltsrecht erlangt. Am 24. Jänner 2009 wurde die Zahl der „Fremden", deren Hauptwohnsitzmeldung am 26. Feber 1992 geendet hatte und die aufgrund des Artikels 81. des Fremdengesetzes der Republik Slowenien keinen geregelten Status haben, mit 13 426 Personen angegeben.

Auch die Verteilung der RepubliksbürgerInnenschaft wurde statistisch ausgewertet. Bemerkenswert dabei ist, dass unter den 17 772 registrierten BürgerInnen der SFRJ 5 377 mit „Staatsbürgerschaft unbekannt" aufschienen. In den erläuternden Bemerkungen des Innenministeriums wird darauf verwiesen, dass jene Personen, deren RepubliksbürgerInnenschaft nicht festgestellt wurde, in der Evidenz als „Staatsbürgerschaft unbekannt" geführt werden[284]. Abgesehen von den statistischen Auswertungen der nach verschiedenen gesetzlichen Vorschriften administrierten Personen, ist die Zahl der mittelbar durch die Löschung eines/einer Familienangehörigen in ihrer Lebensführung und Lebensplanung beeinträchtigten Personen ungleich höher[285].

4.1.1 Administratives Chaos oder planvolle Administration?

Die faktische Streichung aus dem Einwohnerregister erfolgte zwei Monate nach dem Ablauf der Frist zur Antragstellung im Februar 1992 bzw. zwei Monate nach der endgültigen negativen Entscheidung eines Antrags auf Erteilung der Staatsbürgerschaft. Ab dem 23. Februar 1992 oder mit der Rechtsgültigkeit einer späteren negativen Entscheidung eines entsprechenden Antrags endete – wie im Staatsbürgerschaftsgesetz vorgesehen – die bis dahin geltende Gleichstellung von BürgerInnen aus anderen Teilrepubliken der SFRJ mit StaatsbürgerInnen der Republik Slowenien[286].

Innenpolitisch führte die Zeit vor der sich abzeichnenden Auflösung der Demos-Koalition im Frühjahr 1992 zu erheblicher Unsicherheit, da nicht absehbar war, welche neuen Konstellationen mehrheits- und regierungsfähig sein würden[287].

Die Frage, ob es bei der als „Auslöschung" benannten Vollziehung dieses Gesetzes zu einer „Verwaltungspanne" gekommen war oder ob es sich um eine kalkulierte „Aussonderung" unerwünschter BürgerInnen handelte, löst nach wie vor heftige Kontroversen aus. Die zunehmend umfassendere Rekonstruk-

---

284 Ebenda.
285 Bratož/Hanžek/Samaluk: Problematika „izbrisanih" v letnih poročilih Varuha, S. 9.
286 Zakon o državljanstvu Republike Slovenije (ZDRS), Uradni list RS, št.1/91-I.
287 Žerdin, Ali H.: 18 305 osebnosti leta. [18 305 Persönlichkeiten des Jahres], in: Mladina, št. 51/2003, http://www.mladina.si/tednik/200351/clanek/slo-tema--ali_h_zerdin/ (04.06.2006).

tion der Ereignisse belegen jedoch, dass die Folgen zumindest abschätzbar waren[288]. Metka Mencin Čeplak, eine der Abgeordneten, die eine Ergänzung zum Staatsbürgerschaftsgesetz vorgeschlagen hat. Es sollte allen in Slowenien wohnhaften BürgerInnen aus anderen Teilrepubliken, die nicht StaatsbürgerInnen der RS geworden waren, ein permanentes Aufenthaltsrecht gewährleisten. Sie dokumentiert die Ereignisse 17 Jahre später folgendermaßen:

> Ne vem, kateri motivi so jih pri tem vodili; ne vem, ali so izbris načrtovali; ne vem, ali je bila zavrnitev mojega amandmaja del kakšnega političnega načrta; ne verjamem, da so tisti, ki so izbris zakrivili, vedeli, da jim bo to dejanje dolgoročno prinašalo politični dobiček - vsekakor pa ni šlo za napako[289].
>
> [Ich weiß nicht, welche Motive sie dabei geleitet haben, ich weiß nicht ob sie die Auslöschung geplant haben, ich weiß nicht ob die Ablehnung meines Ergänzungsantrags Teil einer politischen Strategie war; ich glaube nicht, dass diejenigen, die die Auslöschung verschuldet haben gewusst haben, dass ihnen dieses Vorgehen auf lange Sicht einen billigen politischen Vorteil bringen würde, es hat sich aber gewiss nicht um ein Versehen gehandelt.]

Unbestritten ist, dass keinerlei gesetzliche Regelungen des Status dieser Personengruppe für die Zeit nach dem Ablauf der Antragsfrist festgelegt wurden. Für die Betroffenen war daher nicht vorhersehbar, dass die Folge ihres Nichtansuchens um die StaatsbürgerInnenschaft der Republik Slowenien dazu führen würde, dass sie jegliches Aufenthaltsrecht in dem Land verlieren würden, in dem sie geboren worden waren oder bereits seit Jahren bzw. seit Jahrzehnten ihren Lebensmittelpunkt hatten. Zu Recht darf bezweifelt werden, dass sich die Betroffenen für diese ausweglose Situation entschieden hätten. Die Behauptungen seitens der Behörden, dass die Betroffenen ausreichend informiert worden seien, wiesen die Betroffenen einhellig zurück[290].

Die Anwendung fremdenrechtlicher Bestimmungen auf diese Personengruppe zeigte sich in der Verwaltungspraxis als schwierig und hatte für die Betroffenen und ihre Angehörigen fatale Auswirkungen. Dadurch wurde das neue Fremdengesetz der Republik Sowenien *(Ztuj)* auf Personen angewandt, die bereits in Slowenien ihren Lebensmittelpunkt (Arbeit, Familie, Ausbildung) hatten. Das Innenministerium hatte den zuständigen Verwaltungsbehörden die Weisung erteilt, dass jene Personen, die nicht um die StaatsbürgerInnenschaft angesucht hatten, mit Ablauf der Frist nicht mehr StaatsbürgerInnen der Republik Slowenien gleichgestellt waren und gemäß Art. 81 Abs. 2 des Fremdengesetzes der Republik Slowenien *(Ztuj)* wie Fremde zu behandeln seien[291].

---

288 Mekina: Vedeli so, kaj delajo [Sie wussten, was sie tun], in: Mladina, št. 09/2008, siehe: Fn. 260.
289 http://www.izbrisan17let.si (27.08.2009).
290 Zakon o tujcih: Uradni list RS, št. 1-9/91-I.
291 Bratož/Hanžek/Samaluk: Problematika „izbrisanih" v letnih poročilih Varuha, S. 3f.

De facto wurde ihr Aufenthalt in Slowenien damit von einem Tag auf den anderen illegalisiert, was für die Betroffenen ganz unterschiedliche Konsequenzen hatte. Da diese Übertragung der Daten vom Einwohnerregister ohne Erlass von Verwaltungsbescheiden erfolgte, konnten diese auch keine Rechtsmittel geltend machen. Manche Betroffenen erfuhren zufällig beim Kontakt mit einer Verwaltungsbehörde vom Verlust ihres Status bzw. davon, dass sie sich seit Jahren „illegal" in der Republik Slowenien aufhielten[292]. Andere wiederum wurden von den Verwaltungsbehörden geladen, ihren Aufenthaltsstatus zu regeln. Darauf hin machten die zuständigen BeamtInnen die vorgelegten Dokumente ungültig und informierten die Betroffenen über die Voraussetzungen für die Erteilung eines neuen legalen Aufenthaltstitels gemäß geltenden Fremdenrechts[293].

Abgesehen vom Schock und der Fassungslosigkeit, den die Information, dass sie sich quasi „illegal" in Slowenien aufhielten, bei vielen Betroffenen auslöste, war es schwierig oder sogar unmöglich neue Dokumente zu bekommen, da viele keinen anderen Wohnsitz außerhalb Sloweniens hatten und ohne gültige Dokumente nicht mehr aus- bzw. einreisen konnten. Botschaften anderer Nachfolgestaaten sahen sich zuweilen nicht zuständig diese Personen zu unterstützen, da sie keinen Bezug zu ihnen nachweisen konnten. Des Weiteren war es vielen von ihnen nicht möglich, die erforderlichen Voraussetzungen für den Erwerb eines legalen Aufenthaltstitels (z.B. ausreichendes Einkommen, ständigen Aufenthalt) nachzuweisen, da sie nach dem Verlust des legalen Aufenthaltsstatus auch alle sozialen Rechte, die davon abgeleitet werden, verloren haben[294].

Anfang der 1990er Jahre beschäftigten „Einzelfälle" die Gerichte und Menschenrechtsorganisationen, wie die Internationale Helisinkiföderation für Menschenrechte und den *„Svet za varstvo človekovih pravic in temeljnih svoboščin"* [Rat zum Schutz der Menschenrechte und Grundfreiheiten], welche die Ausweglosigkeit und die Ausgeliefertheit der Betroffenen dokumentieren. Je beharrlicher jegliche Verantwortung seitens der Behörden abgelehnt wurde, desto mehr Zweifel kamen bezüglich der These auf, es habe sich um eine „verwaltungstechnische Panne" gehandelt. Bereits 1994, nachdem Interventionen beim Innenminister Andrej Šter erfolglos geblieben waren, informierte Ljubo Bavcon, der Präsident des Rats zum Schutz der Menschenrechte und Grundfreiheiten, den damaligen Staatspräsidenten Janez Drnovšek über die

---

292 Zorn, Jelka: The politics of exclusion during the formation of the Slovenian State, in: Dedić, Jasminka/Jalušič, Vlasta/Zorn, Jelka: The erased. Organized innocence and the politics of exclusion, Ljubljana 2003, S. 104.
293 Ebenda, S. 105.
294 Jalušič: Organized Innocence, S.12f.

Gesetzesverstöße und das unzumutbare Verhalten der BeamtInnen[295]. Nachdem es außer dem Versprechen, solche Vorgangsweisen abzustellen, zu keinen Verbesserungen gekommen war, vermutete Ljubo Bavcon bereits, dass es sich um eine systematische staatliche Politik der Vertreibung „unerwünschter Nichtslowenen" handelte[296].

Längst drängte sich der Verdacht auf, dass es sich um eine Vorgangsweise handelte, die „von oben" angeordnet worden war. Manche sprachen von „digitaler ethnischer Säuberung"[297], andere bezeichneten den Verlust jeglichen Status aufgrund der dramatischen Auswirkungen als „rechtlichen und zivilisatorischen Skandal"[298]. Gemessen an den Folgen können „diese sozialen und politischen Eliminierungen im Prozess der De- und Re-Territorialisierung von Körpern und Leben auch als Paradefall zeitgenössischer „Biopolitik" betrachtet werden[299].

Ein Beweis für die gezielte Einschränkung der Aufenthaltsrechte der Personen, die nicht um die StaatsbürgerInnenschaft der Republik Slowenien angesucht hatten, beinhaltet die Erklärung, die der damalige Innenminister Igor Bavčar bereits 1992 anlässlich der auftretenden Probleme bei der Umsetzung des Fremdengesetzes an die slowenische Regierungsspitze und verschiedene Ministerien schickte. Darin nahm er auf die auftretenden Schwierigkeiten Bezug und begründete die Suspendierung des wohlerworbenen Rechts des permanenten Aufenthalts damit, dass im Zuge des Antragsprozesses um die StaatsbürgerInnenschaft alle nach internationalen Verpflichtungen zustehenden Rechte gewährleistet gewesen waren und nunmehr von einer Berücksichtigung dieser „wohlerworbenen Rechte" bei jenen, die nicht davon Gebrauch gemacht hatten, Abstand zu nehmen sei, diese also „weggedacht" werden müssten[300].

---

295 Pistotnik: Kronologija izbrisa. 1990 – 2007, S. 209.
296 Krivic, Matevž: Bavcona „bomba"- in Drnovškov molk [Bavcons „Bombe"- und Drnovšeks Schweigen], in: Mladina, št. 31/2003, http://www.mladina.si/tednik/-200321/clanek/kolumna/(04.06.2006).
297 Žerdin, Ali H.: Digitalno etnično čiščenje, in: Mladnina, št. 09/2003, http://www.mladina.si/tednik/200309/clanek/aksentijevic/ (04.06.2006).
298 Krivic, Matevž: Politična maškarada, Maska „ustavni zakon" - najlepša maska letošnje predpustne veselice? [Politische Maskerade. Das „Verfassungsgesetz" - die schönste Verkleidung im diesjährigen Faschingstreiben?] in: Mladina, št. 08/2004, http://www.mladina.si/tednik/200408/clanek/slo-kolumna--matevz_krivic/ (04.06.2006).
299 »IZBRISANI« in: Reartikulacija, http://www.reartikulacija.org/RE2/SLO/izbrisani2.html (16.06.2009).
300 Pistotnik: Kronologija izbrisa. 1990 – 2007, S. 208.

4.1.2 Rechtsstaatliche Bedenken gegen die „Auslöschung"

Einzelfälle wurden an nationale und internationale Organisationen herangetragen, aber es dauerte einige Zeit, bis die Systematik hinter dieser Verwaltungspraxis erkennbar wurde. Ab 1994 versuchte der Helsinki Monitor nach anfänglichen Schwierigkeiten durch die Internationalisierung der ihnen bekannt gewordenen „Einzelfälle" auf die Problematik aufmerksam zu machen[301]. Obwohl bereits im Jahr 1994 die ersten Klagen von Betroffenen beim Verfassungsgerichtshof eingebracht worden waren, dauerte es fünf Jahre, bis der Verfassungsgerichtshof der Republik Slowenien 1999 die Verfassungswidrigkeit einzelner Bestimmungen des Fremdengesetzes feststellte, unter anderem, weil es keine gesetzlichen Regelungen für diese besonderen „neuen Fremden" vorsah[302]. Diese Entscheidung kann als bahnbrechend bezeichnet werden, da damit ein Tabu gebrochen wurde. Bis dahin konnte jede Verantwortlichkeit seitens der zuständigen Behörden und ihrer Organe abgelehnt, auf den rechtstechnischen Charakter der „Datenbereinigung" verwiesen und die fatalen Folgen für die Betroffenen als rechtstechnische Panne dargestellt werden. Daraufhin folgte die nächste Stufe der Auseinandersetzungen mittels juristischer Auslegung.

Die *ex lege* „Datenbereinigung" auf der Grundlage von Verfahrensvorschriften zur Umsetzung des Evidenzgesetzes hatte im Fall der „Ausgelöschten" dazu geführt, dass auf diese Weise amtswegig der Aufenthaltsstatus verändert bzw. „ausgelöscht" wurde. Die Regelung des Aufenthaltsstatus ist jedoch eine klassische Materie des Fremdenrechts, das – wie bereits erwähnt – keine klaren Regelungen für diese Gruppe vorsah, außer dass sie nach Ablauf der Frist wie Fremde zu behandeln seien[303]. Die Anwendung der Durchführungsbestimmungen des Evidenzgesetzes kritisierte der Ombudsmann für Menschenrechte ebenso, wie die analoge Anwendung der für den Staatsbürgerschaftserwerb durch Einbürgerung geforderten Voraussetzungen auf die Erteilung von (befristeten und unbefristeten) Aufenthaltstiteln, da es sich dabei um rechtlich völlig verschiedene Situationen handelte[304].

Eine der *„ex lege"*-Theorie widersprechende Rechtsansicht vertrat auch Matevž Krivic, der ehemalige Verfassungsrichter und spätere Rechtsbeistand des „Vereins der ausgelöschten Einwohner Sloweniens – Assoziation für Menschenrechte". Er führte im Frühjahr 2003 eine intensive öffentliche Auseinandersetzung mit dem damaligen Innenminister Šter, die in Form offener Briefe ausgetragen und von der Onlineredaktion des Wochenmagazins *Mladina* veröffentlicht wurde. Der Kampf um die Zuerkennung von gesellschaftlicher Teil-

---

301 Mekina: Izbris izbrisa, S. 160f.
302 Entscheidung des Verfassungsgerichtshofs der Republik Slowenien: U-I-284/94.
303 Bratož/Hanžek/Samaluk: Problematika „izbrisanih" v letnih poročilih Varuha, S. 9.
304 Ebenda.

habe wurde mit juristischen Argumentationen ausgefochten. Auf die zweifelhafte Beteiligung von Juristinnen an der jahrelangen Verweigerung der Durchsetzung der Entscheidung des Verfassungsgerichtshofs hat Matevž Krivic auch anlässlich des 15. Jahrestages der „Auslöschung" hingewiesen. Er betonte dabei, dass der politische Wille alleine nicht ausgereicht hätte, um die Ausgrenzung über Jahre hinweg zu legitimieren[305].

Der *Varuh za človekove pravice* [Ombudsmann für Menschenrechte], der im Jahr 1995 den Rat zum Schutz der Menschen- und Grundrechte ablöste, hat seit seiner Einsetzung beständig auf die aktuellen Probleme hingewiesen und die rechtlichen Entwicklungen der „Ausgelöschten" dokumentiert. Die Analyse der Verwaltungspraxis auf der Grundlage der an den Ombudsmann herangetragenen Fälle zeigte, dass das Vorgehen von Gemeinde zu Gemeinde bzw. von VerwaltungsbeamtInnen zu VerwaltungsbeamtInnen unterschiedlich war. Dies verstärkte die verletzliche rechtliche Position der Betroffenen, die gegen bürokratische Schikanen nicht wirksam vorgehen konnten und sich in einem Teufelskreis befanden, aus dem sie auf der Grundlage des damals geltenden Rechts nicht entrinnen konnten. Verstärkt wurde dies dadurch, dass häufig juristische Argumentationen und Auslegungen herangezogen wurden, die für die Betroffen jeweils am nachteiligsten waren[306].

Schwierigkeiten traten nach der Illegalisierung des Aufenthalts insbesonders auch bei der nun notwendig gewordenen Beantragung einer Aufenthaltsbewilligung auf. Besondere Probleme entstanden in diesem Zusammenhang für jene Betroffenen, die keine Dokumente des Staates bekommen konnten, dem sie als zugehörig befunden wurden, da sie dort nicht als StaatsbürgerInnen aufschienen oder aufgrund der Kriegsereignisse Dokumente nicht ausgestellt wurden. Ohne gültige Dokumente konnten die Illegalisierten jedoch nicht ausreisen, um diese Angelegenheiten zu regeln. Für viele Betroffenen war zudem nicht nachvollziehbar, warum die Behörden auf einem „fremden" Pass beharrten, da doch ihr letzter Pass in Slowenien ausgestellt worden war und sie keinerlei Verbindung zu einem anderen Staat hatten. Insbesondere die notwendige Angabe eines „fiktiven Hauptwohnsitz" in diesem anderen Staat, in dem sie sich niemals aufgehalten hatten, da sie bereits in Slowenien geboren waren, schien den in juristischen Formalismen nicht Geschulten ebenso wenig nachvollziehbar, wie der erforderliche Nachweis, dass sie dort nicht straffällig geworden waren[307].

Ein solche Situation veranschaulicht die Geschichte einer Frau, die 1992 ihr neugeborenes Kind bei der zuständigen Behörde anmelden wollte und bei

---

305 Krivic, Matevž: Politični zločin, ne »administrativna napaka« [Ein politisches Verbrechen, keine Verwaltungspanne], in: Pravna praksa, let. 26, št. 9/2007, S. 21f.
306 Bratož/Hanžek/Samaluk: Problematika „izbrisanih" v letnih poročilih Varuha, S 11.
307 Ebenda.

dieser Gelegenheit erfuhr, dass sie von der Gemeindebehörde als „Kroatin" geführt wurde und daher nicht die slowenische Staatsbürgerschaft habe, ungeachtet der Tatsache, dass die Gemeindebediensteten sie und ihre Familie kannten. Sie selbst war in Slowenien geboren worden, weder ihre Mutter noch ihr Vater war „Kroate/in" und sie hatte kein Naheverhältnis zu Kroatien. Nichtsdestotrotz sah sie keinen anderen Ausweg, als bei einem Bekannten ihres Schwiegervaters in Kroatien ihren Hauptwohnsitz anzumelden und mit großem Aufwand bei den kroatischen Behörden einen kroatischen Pass und Dokumente zu besorgen. Sie lebte indes weiterhin in Slowenien mit kroatischen Dokumenten, die 1993 ausgestellt worden waren. Einen Antrag auf einen Aufenthalt in ihrer Wohngemeinde hat sie erst wieder im Jahr 1999 gestellt, da sie nach eigener Beschreibung vorher nicht dazu im Stande war[308].

Der Ombudsmann dokumentierte die rechtliche Entwicklung seit seiner Gründung im Jahr 1995. Der Sonderbericht über die Situation der „Ausgelöschten" von 2004 wurde auch im Parlament behandelt und kritisierte auf der Grundlage einer sorgfältigen Analyse der an diese Institution herangetragenen Fälle auch die Problematik der uneinheitlichen Behördenpraxis. In systematisierten Fallgruppen konnten die konkreten Diskriminierungspraxen nachgewiesen werden[309]. Unter Berufung auf Grundsätze der Rechtsstaatlichkeit wies der Ombudsmann für Menschenrechte insbesondere auf die anhaltende Missachtung des Grundsatzes der Verhältnismäßigkeit und der Gleichheit vor dem Gesetz hin[310], wodurch die Betroffenen und auch deren Angehörige in ihren Menschenrechten verletzt wurden.

Nachdem die „Löschung" der Betroffenen aus dem Register und die Folgen der rechtswidrigen Illegalisierung über Jahre hinweg Anlassfälle zur Überprüfung verschiedenster Aspekte der Rechtstaatlichkeit und die Rolle des Verfassungsgerichtshofs boten, gab es eine intensive rechtswissenschaftliche Auseinandersetzung, die letztendlich zu einer komplexen aber eindeutigen rechtlichen Beurteilung führte. Bei genauerer Analyse der Rechtsfolgen der Veränderung des Aufenthaltsstatus mittels Anwendung der Durchführungsbestimmungen zum „Evidenzgesetz" zeigte sich die Bedeutung menschenrechtlicher Fragestellungen im Verwaltungsrecht[311]. Die große Bandbreite an unterschiedlichen Vorgangsweisen bzw. der Spielraum, den einzelne Verwaltungsbehörden und VerwaltungsbeamtInnen in ihrem Vorgehen hatten, machten diesen Zusammenhang deutlich. Die Verletzung individueller Rechte durch

---

308 Interviewtranskript eines Gespräches, das Jelka Zorn am 15. 8. 2002 mit einer Betroffenen geführt hat, abgedruckt in: Dedić, Jasminka/Jalušič, Vlasta/Zorn, Jelka: The erased. Organized innocence and the politics of exclusion, S. 106.
309 Bratož/Hanžek/Samaluk: Problematika „izbrisanih" v letnih poročilih Varuha, S. 7.
310 Ebenda.
311 Bugarič: Upravno pravo in človekove pravice: Primer izbrisanih, S. 132f.

verwaltungsrechtliche Bestimmungen kann sehr subtil und zunächst nicht offenkundig erfolgen. Im Fall der „Ausgelöschten" war die ministeriell verordnete Anwendung von Durchführungsverordnungen und interne Verwaltungsrichtlinien für den/die Betroffene/n schwerer überprüfbar als „ordentlich" kundgemachte Gesetze[312].

Die Folgen des später vom Verfassungsgerichtshof mehrfach festgestellten gesetzgrundlosen und verfassungswidrigen Vorgehens war lange Zeit vor den Augen der Öffentlichkeit verborgen geblieben. „Absurde" Wendungen in den Biografien der Betroffenen zeigten sich in den zahlreichen „Einzelfällen" und regten zur Überprüfung von Analogien zu Hannah Arendts Analyse der Situation von Staatenlosen an. Die Parallelen wurden in den Interviews mit Betroffenen deutlich. Sie brachten die unglaublichen Auswirkungen des Rechtsverlusts und den vielfältigen Formen willkürlicher Behandlung und Diskriminierungen ans Licht, denen die „Ausgelöschten" über Jahre hinweg ausgesetzt waren[313].

4.1.3 Legistische Sanierungsversuche

Für die rechtliche Klärung der Situation der Ausgelöschten hatte die Entscheidung des Verfassungsgerichtshofs im Februar 1999 eine einschneidende Bedeutung. Der Verfassungsgerichtshof der Republik Slowenien beurteilte das Vorgehen der Behörden als gesetzgrundlos und verfassungswidrig und erklärte Teile des Fremdengesetzes *(Ztuj)* für verfassungswidrig. Es wurde als verfassungswidrig qualifiziert, dass die zuständigen Behörden die Übertragung der Daten ohne jegliche Entscheidung bzw. Information der Betroffenen durchgeführt hatten, da es für dieses Vorgehen keinerlei Rechtsgrundlage gegeben hat[314]. Mit der gewählten Vorgangsweise wurden das Prinzip der Rechtsstaatlichkeit sowie der Gleichheitsgrundsatz missachtet und die Betroffenen mehrfach in ihren Menschenrechten verletzt. Der Verfassungsgerichtshof hat die Regierung und die Gesetzgebung mit dieser Entscheidung beauftragt, das Fremdengesetz binnen einer Frist von sechs Monaten zu sanieren. Am 8. Juli 1999 beschloss in der Folge das Parlament der Republik Slowenien ein neues Gesetz mit der Bezeichnung: *Zakon o urejanju statusa državljanov drugih držav naslednic nekdanje SFRJ v Republiki Sloveniji (ZUSDDD)*[315] [Gesetz zur Regelung des Status der StaatsbürgerInnen anderer Nachfolgestaaten der SFRJ in der Republik Slowenien]. Es ermöglichte den Erwerb eines permanenten Aufenthalts-

---

312 Ebenda.
313 Zorn, verweisend auf Darja Zaviršek, in: The Politics of Exclusion during the Formation of the Slovenian State, 112f.
314 Entscheidung des Verfassungsgerichtshofs der Republik Slowenien: U-I-284/94.
315 Zakon o urejanju statusa državljanov drugih držav naslednic nekdanje SFRJ v Republiki Sloveniji (ZUSDDD): Uradni list RS, št. 61/1999.

rechts für BürgerInnen aus den Nachfolgestaaten der SFRJ, die am Stichtag 23. Dezember 1990 ihren Wohnsitz in Slowenien gemeldet hatten und seither ohne Unterbrechung in der Republik Slowenien lebten.

Damit wurde der Kreis der Personen, die einen Antrag auf ein permanentes Aufenthaltsrecht nach den im Vergleich zum Fremdengesetz erleichterten Bestimmungen stellen konnten, erweitert. Gleichzeitig wurden jedoch damit verschiedene Gruppen von „Ausgelöschten" geschaffen, da in der Praxis auf der Grundlage dieses Gesetzes jene Betroffenen keine rückwirkendes Aufenthaltsrecht geltend machen konnten, die den ständigen Aufenthalt nicht nachweisen konnten[316]. Es handelte sich dabei um Personen, die wegen ihres „ungeregelten Status" ausgewiesen wurden und nicht mehr zurückkehren konnten, sowie Personen, die wegen der unmöglichen Lebensbedingungen (keine Möglichkeit einer legalen Anstellung, keine Möglichkeit auf eine höhere Ausbildung, keine Möglichkeit eine Ehe einzugehen, Angst vor Ausweisung usw.) Slowenien verlassen hatten bzw. jene Personen, die aus anderen nicht von ihnen beeinflussbaren Gründen (weil sie z.B. die Grenze nicht mehr passieren konnten oder wegen der Kriegsereignisse in Kroatien oder Bosnien) nicht nach Slowenien zurückkehren konnten[317].

Der Verfassungsgerichtshof wurde im Jahr 2002 damit befasst, auch die Verfassungsmäßigkeit einzelner Bestimmungen des ZUSDDD zu überprüfen. 2003 folgte die Entscheidung[318] über die Verfassungswidrigkeit von Teilen des ZUSDDD, da es den StaatsbürgerInnen der anderen Teilrepubliken der SFRJ, die mit 26. Februar 1992 aus dem Register der ständigen Wohnbevölkerung gelöscht wurden, nicht rückwirkend den ständigen Aufenthalt mit dem Tag der Löschung (26. Februar 1992) zuerkannte und für abgeschobene Personen keine Möglichkeit zur Beantragung des permanenten Aufenthaltsrechts vorsah. Darüber hinaus wurde die dreimonatige Frist, die das Gesetz zur Antragstellung bestimmte, als zu kurz befunden. Dem Gesetzgeber wurde neuerlich die Sanierung der verfassungswidrigen Bestimmungen aufgetragen[319].

Die rege Gesetzgebungstätigkeit nach den Verfassungsgerichtshofsentscheidungen führte jedoch im Ergebnis nicht dazu, dass die Folgen des rechtsgrundlosen Entzugs des Aufenthaltsrechts ausreichend saniert wurden. Dies wäre sehr einfach durch die kollektive rückwirkende Zuerkennung des Status für alle Betroffenen möglich gewesen[320]. Die tatsächlich verabschiedeten Ge-

---

316 Kogovšek, Neža: Ustavni zakon o izbrisanih – še ena diskriminacija [Ein Verfassungsgesetz über die Ausgelöschten – noch eine Diskriminierung], in: Pravna praksa, let. 26, št. 47/2007, S. 20.
317 Ebenda.
318 Entscheidung des Verfassungsgerichtshofs der Republik Slowenien: U-I-246/02.
319 Kogovšek: Ustavni zakon o izbrisanih, S. 20.
320 Kogovšek, Neža: Izbrisani. Predlog ustavnega zakona kot negacija pravne države [Die Ausgelöschten. Der Verfassungsgesetzentwurf als Negation des Rechtsstaats], in:

setze standen jedoch im Zeichen politischer Aushandlungsprozesse, die Matevž Krivic im Februar 2004 wie folgt zusammenfasste:

> Vsem tem zakonom z imenitnimi imeni je skupno eno: skušajo jih spraviti pod streho (izglasovati) ne zato, da bi z njimi končno začeli spravljati s sveta posledice največjega pravnega in civilizacijskega škandala nove Slovenije, ampak zato, da bi odgovorni za prvotni izbris (desnica) in odgovorni za dvanajstletno kasnejše nereševanje tega problema (levica) med seboj sklenili "kompromis", da za to sramoto ni odgovoren nihče od njih - izbrisani pa naj se tako za priznanje storjenih krivic kakor tudi za kakršnokoli povrnitev nezakonito povzročene škode kar lepo obrišejo pod nosom. In naj bodo veseli, da imamo tako "civilizirano" oblast in opozicijo - če bi bilo po Jelinčičevo, bi jih namreč tudi danes lepo naložili na kamione in izgnali iz naše lepe, civilizirane Slovenije[321].

> [All diese Gesetze mit den klingenden Namen haben etwas gemeinsam: Sie (die Parlamentsparteien, Anm. der Verfasserin) versuchen sie nicht etwa deshalb zur Abstimmung zu bringen, um damit endlich zu beginnen, den größten rechtlichen und zivilisatorischen Skandal des neuen Slowenien aus der Welt zu schaffen, sondern deshalb, um einen Kompromiss zu schließen, zwischen jenen, die für die Auslöschung verantwortlich sind (die Rechte) und jenen, die seit zwölf Jahren dafür verantwortlich sind, dass dieses Problem noch nicht gelöst ist (die Linke). Weder die einen noch die anderen wollen für die Schande verantwortlich sein, die Ausgelöschten können jedoch sowohl was die Anerkennung des Unrechts als auch den Ausgleich des infolge der Gesetzwidrigkeit entstandenen Schadens anbelangt durch die Finger schauen. Und dabei können sie auch noch froh sein, dass wir eine so „zivilisierte" Regierung und Opposition haben – wenn es nach Jelinčič ginge, würden sie auch heute noch auf einen Laster geladen werden und aus unserem schönen, zivilisierten Slowenien vertrieben werden.][322]

Časopis za kritiko znanosti, domišljijo in novo antropologijo let. 35, št. 228/2008, S. 192.

321 Krivic: Politična maškarada, Maska „ustavni zakon" - najlepša maska letošnje predpustne veselice?, siehe: Fn. 299.

322 Im Jahr 2003 brachte der Verein der ausgelöschten Einwohner Sloweniens mehrere Strafanzeigen gegen den Abgeordneten Zmago Jelinčič von der Slovenska nationalna stranka [Slowenische nationale Partei] wegen „sovražni govor" [„hate speech"] gegen die Ausgelöschten ein. Bei einem Auftritt anlässlich der Verfassungsgerichtshofsentscheidung 2003 folgen weitere Diffamierungen der Ausgelöschten und der Person Aleksandar Todorovićs, der die Position der Ausgelöschten in der TV-Sendung vertrat. Siehe: Mladina, št. 21/2003: Zelo nestrpna oddaja. V soočenju na Net TV sta ob problemu izbrisanih Andrej Šter in Zmago Jelinčič priredila učno uro fašizma [Eine sehr intolernate Sendung. Bei einem Zusammentreffen im »Net TV« haben Andrej Šter und Zmago Jelinčič zum Problem der Augelöschten eine Lehrstunde des Faschismus abgehalten]. Die verbalen rassitischen Übergriffe setzten sich weiter fort sowohl im Parlament als auch im Zuge des Wahlkampfs zur Präsidenschaftswahl im 2008, der sich auch Zmago Jelinčič als Kandidat des rechten Lagers stellte, http://www.mladina.si/tednik/200321/clanek/m-tvnet/ (12.04.2006).

Die „Ausgelöschten" wurden damit vollends zum „Objekt der Politik"[323]. Die Parteien unterschieden sich nach Ansicht Rastko Močniks dabei nur in der Weise, dass die einen die Menschenrechte kompromisslos verletzten, während die anderen dies nur im Namen des „Kompromisses" taten[324].

Einen Höhepunkt der politischen Instrumentalisierung stellte das Referendum im April 2004 dar, bei dem über die Rückgabe des Status der „Ausgelöschten" abgestimmt wurde, wie sie im „tehnični zakon" [technischen Gesetz] vorgesehen war. Während die LDS-geführte Regierungskoalition das Referendum boykottierte, waren die InitiatorInnen mit dem Ausgang sehr zufrieden. Von den über 31% der Stimmberechtigten, die sich am Referendum beteiligt hatten, sprachen sich rund 94,7% gegen die Sanierung des Status der „Ausgelöschten" aus[325]. Die „Ausgelöschten" wurden in den folgenden Monaten zum zentralen Wahlkampfthema im Vorfeld der Parlamentswahlen im Herbst 2004. Im Zuge dieser Debatten entstanden Verschwörungstheorien, in denen die „Ausgelöschten" zu Staatsfeinden stilisiert wurden, die sich an der Republik Slowenien bereichern wollten, indem sie immense Schadensersatzforderungen für ihre selbstverschuldete Situation stellen[326]. Dieses Klischee prägte die Auseinandersetzungen der folgenden Jahre vor deren Hintergrund auch eine adäquate rechtliche Lösung während der Regierungsperiode 2004 – 2008 unter Premierminister Janez Janša unmöglich wurde.

Der zunehmenden Aufmerksamkeit internationaler Institutionen folgten Bemühungen, die Frage auf der europäischen Ebene mittels „stiller Diplomatie" zu lösen, innerstaatlich wurde mit der Ausarbeitung eines Verfassungsgesetztes reagiert. Der Inhalt dieses Entwurfs wurde jedoch geheim gehalten und erst veröffentlicht, als die Frist zur Stellungnahme zur Klage beim Europäischen Gerichtshof für Menschenrechte ablief[327]. Mit diesem Verfassungsgesetz, sollte die Entscheidung des Verfassungsgerichtshofs, die eine rückwirkende Zuerkennung des gesetzgrundlos entzogenen Aufenthaltsrechts sowie eine

---

323 Štrajn, Darko: Once upon a time there were human rights, in: Drčar Murco, Mojca u.a.: Five Minutes of Democracy. The image of Slovenia after 2004, Ljubljana 2008, S. 113.
324 Močnik, Rastko: „Izbrisani" v ideologiji vladajočih. Kako lahko iz ideologije vladajočih nastane vladajoča ideologija [Die „Ausgelöschten" in der Ideologie der Herrschenden. Wie aus der Ideologie der Herrschenden herrschende Ideologien werden können], in: Mladina, št. 04/2004, http://www.mladina.si/tednik/200404/clanek/slo-kolumna--rastko_mocnik/ (04.06.2006).
325 http://www.dvk.gov.si/tz/index3.html (12.02.2007).
326 Štefančič, Marcel: Zbrane misli velikega igralca, Kako so izbrisani postali del največje protislovenske zarote vseh časov,[Gesammelte Gedanken eines großen Schauspielers. Wie die Ausgelöschten zu einem Teil der umfassendsten anitslowenischen Verschwörung aller Zeiten wurden], in: Mladina, št. 06/2007, http://www.mladina.si/tednik/200406/clanek/slo-tema--marcel_stefancic_jr/ (04.06.2006).
327 Kogovšek: Izbrisani. Predlog ustavnega zakona kot negacija pravne države, S. 177.

Entschädigung für die Betroffenen vorgesehen hat, entkräftet werden. Für diese heftig kritisierte Vorgangsweise[328] konnten jedoch der nötige Parteienkonsens und die erforderliche Zweidrittelmehrheit im Parlament nicht erreicht werden.

Die organisierten „Ausgelöschten" und auch jene Institutionen, die ihre Anliegen unterstützten, traten in verschiedener Weise gegen diese Politik auf[329]. Doch auch der steigende Druck auf Slowenien vor der Übernahme des EU-Ratsvorsitzes Anfang 2008, die Situation der „Ausgelöschten" zu klären, führte nicht zum Ende der Obstruktionspolitik. Im Gegenteil, der Premier präsentierte den Entwurf eines Abkommens „Sporazum o sodelovanju med predsedovanjem EU" [Vereinbarung der Zusammenarbeit während des EU Vorsitzes], der im Mai 2007 von den Vorsitzenden der Regierungsparteien unterzeichnet wurde. Die Oppositionsparteien (LDS und SNS) sahen ihre parlamentaraische Funktion gefährdet und unterzeichneten diesen „Nichtangriffspakt" in der Folge nicht[330].

Die bereits angesprochene personelle Kontinuität in den politischen Ämtern führte während des EU-Vorsitzes der Republik Slowenien dazu, dass nun wichtige Akteure während der Phase der Durchsetzung der staatlichen Unabhängigkeit in Slowenien (z.B. Ministerpräsident Janez Janša und Langzeitaußenminister Dimitrij Rupel) ihren Einfluss auch in den EU-Institutionen geltend machten und sich gegen die zunehmende Kritik betreffend der „Ausgelöschten" immunisierten, indem sie als Lösung das umstrittene Verfassungsgesetz vorschlugen, für das es nicht die erforderliche Mehrheit im Parlament gab[331].

---

328 Public statement on the adoption of a draft constitutional act on the erased, http://www.mirovni-institut.si/Search/All/en/ (14.04.2008).
329 Bekannt wurden die Anliegen der „Ausgelöschten" auch durch die Reise der „Karavana izbrisanih" [„Die Karawane der Ausgelöschten"] durch Slowenien, Italien, Frankreich und Belgien. Die Reise der AktivistInnen begann am 27. November 2006 mit einer Pressekonferenz in Ljubljana und endete am 29. November 2006 nach dem Besuch des Europaparlament mit einem Empfang bei Franco Frattini, dem EU-Kommissar für Justiz, Freiheit und Sicherheit, http://www.dostje.org/Aktualno/23nov06.htm (13.01.2007), der jedoch erklärte kurz darauf, er sei nicht für ihre Anliegen zuständig.
330 Stranke sporazumno o predsedovanju EU. LDS in SNS sporazuma nista podpisali, [Parteien im Einvernehmen hinsichtlich des EU-Vorsitzes. LDS und SNS haben die Vereinbarung nicht unterzeichnet], http://www.delo.si/clanek/o212837 (02.10.2009).
331 Die abschließende Beurteilung des EU-Ratsvorsitzes Sloweniens, bei der der Außenminister auch auf die Frage der Ausgelöschten Bezug genommen hatte: „Gre za nekaj obžalovanja vrednih pomot" [„Es handelt sich um einige bedauernswerte Irrtümer"], deren Lösung bereits vorbereitet sei, aber durch die fehlende Zweidrittelmehrheit im Parlament nicht durchgesetzt werden könne, http://www.siol.net/

4.2 Juristische Sachverhalte und soziale Realitäten

Ein vollständigeres Bild des folgenreichen Entzugs des legalen Aufenthalts ergibt sich, wenn die Beschreibung der verwaltungstechnischen Ebene der „Löschung" des Status der Betroffenen durch die Beschreibung ergänzt wird, wie sich diese Maßnahme im Leben verschiedener Betroffener ausgewirkt hat. Für jene Personen, die nach der „Auslöschung" keine gültigen Dokumente mehr besaßen, bedeutete dies, dass sie nicht mehr legal reisen konnten und gleichzeitig von Abschiebung bedroht waren. Die Betroffenen befanden sich in einer Situation, in der sie dem Schutz des Staates Slowenien verlustig geworden waren und dennoch weiterhin seiner Jurisdiktion unterworfen blieben[332]. Praktisch ergaben sich vor diesem Hintergrund absurde Situationen und Konstellationen, die erkennen lassen, dass es nicht nur um die Regelung des Status der Betroffenen ging, sondern die Einhaltung der Vorschriften zum selbstständigen Ziel wurde[333]. Jene Personen, die ihren Status nicht legalisieren konnten, leben seit 1992 in dieser Situation als quasi „offizielle Illegale"[334].

Tatsächlich bedeutete die Illegalisierung des Aufenthalts, dass die Betroffenen zuerst ihren Status, dann ihre Dokumente verloren und mangels der Einhaltung verwaltungsverfahrensrechtlicher Grundprinzipien auch keine Möglichkeit hatten Rechtsmittel zu ergreifen. Durch den rechtswidrigen Entzug des legalen Aufenthalts wurde auch eine Individualisierung der Situation der Betroffenen erreicht, die mit verschiedensten existentiellen Situationen konfrontiert waren. Sie reichten vom Verlust des Arbeitsplatzes und der sozialen Absicherung bis zur Abschiebung und jahrelangen Trennung von den Familienangehörigen und endeten in manchen Fällen tödlich. Es sind mehrere Fälle von Suiziden dokumentiert sowie Fälle von Personen, die aufgrund mangelnder medizinischer Versorgung ihren Krankheiten erlegen sind. Außerdem stellte die Abschiebung in Kriegsgebiete Anfang der 1990erJahre eine große Gefährdung dar.

In Slowenien wurde die Geschichte von Dragomir Petronjć bekannt, die erst mehr als ein Jahrzehnt nachdem sich seine Spur verloren hatte, rekonstruiert werden konnte. Er war in Bosnien und Herzegovina geboren und hatte seit 1979 seinen ständigen Aufenthalt in Celje, bis er nach seiner Streichung aus dem Melderegister im September 1992 von slowenischen Behörden gegen seinen Willen nach Kroatien abgeschoben wurde. Seither hatte seine Familie

---

eu/novice/2008/07/rupel_predsedovanje_eu_je_bilo_dobro_pripravljeno.aspx (20.06.2009).
332 Blitz: Statelessness and the Social (De)Construction of Citizenship, S. 454.
333 Zorn, Jelka: Etnografija vsakdanjega življenja ljudi brez slovenskega državljanstva, [Ethnographie des Alltagslebens von Menschen ohne slowenische Staatsbürgerschaft], doktorska disertacija, Ljubljana 2003, S. 92f.
334 Krivic: Stare in nove neresnice o izbrisanih, siehe: Fn. 235.

kein Lebenszeichen von ihm. Nach Augenzeugenberichten wurde er, obwohl er Zivilist war, in Kroatien als Kriegsgefangener behandelt. Die jahrelange Suche endete im September 2007, als seine Angehörigen von den Behörden aus Bosnien und Herzegovina darüber informiert wurden, dass seine sterblichen Überreste in einem Massengrab in Jajce gefunden worden waren[335].

Die Berichte von „Ausgelöschten" zeugen auch von den Schwierigkeiten beim Zugang zu grundlegender medizinischer Versorgung[336]. Gleichzeitig dokumentieren sie aber auch persönliche Handlungsspielräume, die im einen Fall dazu führten, dass sich ein Arzt dafür einsetzte, dass eine Patientin ohne Krankenversicherung die angefallenen Kosten für die Operation nicht bezahlen musste, im anderen Fall wurde aufgrund der fehlenden Versicherung die notwendige medizinische Versorgung abgebrochen[337]. Auch in dieser Situation zeigt sich, dass die Betroffenen vom „good will" anderer abhängig waren und mit dem Verlust ihres legalen Aufenthalts auch jegliches Recht auf medizinische Versorgung durch das staatliche Gesundheitssystem verloren hatten.

Fallgeschichten belegen, dass in der Folge viele der Betroffenen über Jahre hinweg behördlicher Willkür und alltäglichen Diskriminierungen ausgesetzt waren. Neben den Einschränkungen in der Bewegungsfreiheit führten die psychischen Belastungen, die mit der existentiellen Unsicherheit verbunden waren, zu erheblichen gesundheitlichen Problemen. Die Zeitschrift *Mladina* veröffentlichte bereits Anfang der 1990er Jahre Fälle von Menschenrechtsverletzungen[338]. Der Rat zum Schutz der Menschenrechte hat ebenfalls auf das Problem hingewiesen, dass die BeamtInnen bei der Streichung aus dem Melderegister das Verwaltungsverfahrensrecht nicht einhalten und damit das Recht auf ein faires Verfahren nach Artikel 6 der Europäischen Menschenrechtskonvention verletzt wird[339].

Die Illegalisierung der BürgerInnen aus anderen Teilrepubliken der ehemaligen SFRJ war von einer breiten Zustimmung getragen. Diese drückte sich in einer zunehmend ablehnenden Haltung gegenüber Menschen aus anderen Teilrepubliken der früheren SFRJ aus[340], für die sich allmählich der Begriff „*Neslovenci*" [„Nichtslowenen"] oder „*novi tujci*" [„neue Fremde"] herausgebildet

---

335 Vasović, Svetlana: Izgon v smrt [Die Abschiebung in den Tod], in: Časopis za kritiko znanosti, domišljijo in novo antropologijo, let. 35, št. 228/2008, S. 171 – 176.
336 Lipovec Čebron, Uršula: Brez zdravstvene kartice nisi nihče. Intervju z Aleksandrom Dopliharjem [Ohne Versicherungskarte bist du ein Niemand. Interview mit Aleksander Doplihar], in: Časopis za kritiko znanosti, domišljijo in novo antropologijo let. 35, št. 228/2008, S. 77f.
337 Lipovec Čebron, Uršula: Metastaze isbriza [Metastasen der Auslöschung]: in: ebenda, S. 73.
338 Mekina: Izbris izbrisa, S. 160f.
339 Ebenda.
340 Mlinar: Kdo danes še potrebuje državne meje?, S. 815f.

hat. Entgegen manchen Erwartungen, die Ablehnung würde nach der Konsolidierung des Staates abnehmen, war das Gegenteil zu vermerken. Rassistische Ressentiments richteten sich verstärkt gegen die *"južnjaki"* ["die Südländer"] und insbesondere gegen die zahlreichen Flüchtlinge aus den Kriegsgebieten Ex-Jugoslawiens. Auf der rechtlichen Ebene folgten Restriktionen des Staatsbürgerschafts- und Aufenthaltsrechts. In parlamentarischen Debatten wurden mehrfach Versuche gestartet, die Aberkennung der Staatsbürgerschaft der Republik Slowenien für jene 171 000 StaatsbürgerInnen durchzusetzen, die vom Optionsrecht Gebrauch gemacht und um die slowenische Staatsbürgerschaft angesucht hatten.

Gleichzeitig formierten sich auch gesellschaftliche Kräfte gegen zunehmende Restriktionen von Asylsuchenden und „Ausgelöschten". Verschiedenste Initiativen und Institutionen, die Fragen der Rechtsstaatlichkeit bzw. der Einhaltung der Menschenrechte thematisieren oder im Selbstverständnis einer „multitude" die Anliegen der „Ausgelöschten" mit einer europäischen antirassistischen politischen Praxis sozialer Bewegungen verknüpften[341], leisteten ihren Beitrag gegen die offizielle Politik des Vergessens[342]. Dabei verbanden sich aktionistische Tätigkeiten mit theoretisch fundierten sozialwissenschaftlichen Analysen über die Bedeutung des Ausschlusses von sozialer und politischer Teilhabe.

Gemeinsam mit den systematisierten juristischen Falldarstellungen ist es gelungen, die anonymisierende und individualisierende Darstellung juristischer Argumentationen aufzuweichen und die Folgen staatlich produzierter *de facto* Staatenlosigkeit und diskriminierender Verwaltungspraktiken zu veranschaulichen und auch im Hinblick auf ihre Bedeutung für Europa zu analysieren. Mit zunehmender Polarisierung der Frage der „Ausgelöschten" hat sich diese massive Ablehnung auch auf jene AkteurInnen ausgedehnt, die sich mit den „Ausgelöschten" solidarisiert bzw. für deren Rechte eingesetzt haben[343].

4.2.1 Polarisierung

Die hohe Zustimmung zur aggressiven Ausgrenzung der „Ausgelöschten" zeigte sich deutlich in den medialen Debatten, in denen sich die zunehmende Ablehnung von BürgerInnen aus anderen ehemaligen Teilrepubliken sowie MigrantInnen und AsylwerberInnen zum Ausdruck kamen. Die rassistischen Formen der Ablehnung jener Personen, die die Staatsbürgerschaft der Republik Slowenien nicht beantragt hatten bzw. nicht beantragen konnten, wurden

---

341 http://www.dostje.org (10.02.2007), http://tovarna.org/ (12.08.2009).
342 Rotar, Josip: Erased of Slovenia - European problem, http://transform.eipcp.net/correspondence/1168862569#redir (12.08.2009).
343 Vezjak, Boris: The human rights ombudsman needs an ombudsman, http://www.eurozine.com/articles/2007-03-26-vezjak-en.html (22.08.2009).

auch in Zusammenhang mit der unerwartet hohen Zahl an „Einbürgerungen" aufgrund des Artikels 40 des Staatsbürgerschaftsgesetzes gebracht[344].

Eine Ursache für die Uneinigkeit hinsichtlich einer adäquaten politischen und rechtlichen Klärung der Statusfrage der „Ausgelöschten" stellten die unterschiedlichen Einschätzungen und Interpretationen der Entwicklungen dar. Zum einen gab es jene Positionen, die eine systematische Diskriminierung der „Ausgelöschten" und damit eine Verantwortlichkeit der staatlichen Behörden in Abrede stellten. Die einzelnen Betroffenen haben demnach ihre Lage selbst dadurch verursacht, dass sie nicht rechtzeitig um die slowenische StaatsbürgerInnenschaft angesucht haben und damit das „großzügige" Angebot der Einbürgerung nicht angenommen haben[345].

Diese Ansicht kommt in unterschiedlichen Gewichtungen in „offiziellen" Darstellungen zum Ausdruck. Beispiele stellen der Kommentar zur Mikrozensuserhebung von 2002[346] oder noch expliziter die Stellungnahme des Innenministeriums der RS vom März 2007 zum Bericht des *US Department of the State* zur Lage der Menschenrechte in Slowenien im Jahr 2006 dar[347]. Darin werden die verwaltungstechnischen und legistischen Änderungen ohne Analyse ihrer Auswirkungen dargelegt und schlussgefolgert, dass die Bezeichnung *„izbrisani"* [„die Ausgelöschten"] das Ergebnis einer politischen und medialen Kampagne sei, die für all jene Personen steht, die sich im vorgesehenen Zeitraum nicht für die slowenische Staatsbürgerschaft bzw. für den Erhalt einer Aufenthaltserlaubnis gemäß dem Fremdengesetz entschieden haben. Diese Darlegungen werden in der Stellungnahme konsequenter Weise unter der Überschrift: *„Osebe, ki si niso uredile statusa v RS po njeni osamosvojitvi"* [„Personen, die ihren Status in der RS nach deren Selbstständigwerdung nicht geregelt haben"] abgefasst und spiegeln sozusagen die offizielle Meinung des Innenministeriums der RS während der Amtszeit der Regierung unter Janez Janša wieder.

---

344 Krivic, Matevž: Postskriptum, in: Dedić, Jasminka/Jalušič, Vlasta/Zorn, Jelka: The erased. Organized innocence and the politics of exclusion, Ljubljana 2003, S. 160.

345 Jalušič/Dedić: (The) Erasure – mass human rights violation and denial of responsibility, S. 100f.

346 „Twenty percent (34, 000) of immigrants do not have Slovene citizenship. Most of them immigrated to Slovenia after independence; however there are also 14, 000 people who came to live in Slovenia before 1991. There are two reasons for not obtaining Slovene citizenship: 1.) nonfulfilment of conditions to obtain citizenship to Article 40 of the Citizenship Act, [...] 2.) for various reasons immigrants did not want to obtain Slovene citizenship, but because of the later developments many of them realised their mistake [sic!], however they did not fulfil the very strict naturalisation rules", in: Rapid Reports, no 92/2003, S. 39:

347 Odziv MNZ na poročilo US Department of State [Stellungnahme des Innenministeriums zum Bericht des US Department of State], www.mnz.gov.si (23.08.2007).

Neben der Leugnung und Zurückweisung jeglicher staatlicher Verantwortung gab es eine Bandbreite von Analysen, die zu anderen Ergebnissen hinsichtlich der Qualität dieser verwaltungstechnischen Praxis kamen. Die Ansicht, dass es sich bei der Streichung bzw. Übertragung der Daten aus der Bevölkerungsevidenz um eine unabsehbare „verwaltungstechnische Panne" gehandelt hätte, wurde ebenso hartnäckig vertreten wie die euphemistische Variante, dass die Löschung lediglich eine „Datenbereinigung" darstellte[348]. Auf der anderen Seite wurde die Auslöschung gemäß ihrer Wirkung als „digitale ethnische Säuberung" bzw. „ethnische Säuberungen auf Slowenisch" qualifiziert. Die dadurch hervorgerufene Verfestigung von Polarisierungen ist im Hinblick auf eine tatsächliche Lösung für die Betroffenen nicht förderlich gewesen und hat dazu geführt, dass nicht mehr die faktische und rechtliche Lösung der Frage im Vordergrund stand, sondern die „Ausgelöschten" „vollends zum Gegenstand der Politik"[349] wurden.

Die Rechtswidrigkeit des Verlusts des Aufenthaltsrechts der Betroffenen ging in den chauvinistischen Diskursen unter[350]. Es wurde im Gegenteil in generalisierender Weise unterstellt, dass jene Personen, die nicht um die StaatsbürgerInnenschaft der RS angesucht hatten, dies in opportunistischer Absicht oder mit der ausdrücklichen Ablehnung der Eigenstaatlichkeit Sloweniens getan hätten. Das folgende Zitat erfasst die Dynamik in der Auseinandersetzung um die „Ausgelöschten". Es handelt sich um einen Beitrag, der anlässlich einer Unterstützungspetition entstanden ist, die eine adäquate Lösung der Frage der „Ausgelöschten" im „europäischen Jahr des interkulturellen Dialogs" und dem EU-Vorsitz Sloweniens im ersten Halbjahr 2008 forderte.

> Tema izbrisanih razdvaja slovensko javnost. En del jih vidi kot vojne dobičkarje, nasprotnike slovenske države, preračunljivce, ki niso verjeli v projekt samostojne Slovenije, in meni, da si zaradi nezaupanja in nezvestobe Sloveniji ne zaslužijo državljanstva oziroma povrnitve statusa stalnega prebivalstva ter z njim povezanih pravic in pravice do odškodnine. Drugi del javnosti izbrisane dojema kot priročen material za predvolilne manevre pridobivanja glasov. Pravna stroka in nevladne organizacije, ki se zavzemajo za pravno državo in spoštovanje človekovih pravic, izbrisane prikazujejo kot pravno sivino, ki jo je treba zapolniti in odpraviti diskriminacijo[351].

> [Das Thema der Ausgelöschten entzweit die slowenische Öffentlichkeit. Ein Teil betrachtet sie als Kriegsgewinner, slowenische Staatsfeinde, Opportunisten, die

---

348 Jalušič/Dedić: (The) Erasure – mass human rights violation and denial of responsibility, S. 100.
349 Štrajn: Once upon a time there were human rights, S. 113.
350 Krivic: Stalno ponavljani laži o izbrisanih, siehe: Fn. 235.
351 Nova peticija v podporo izbrisanim. [Eine neue Unterstützungspetition für die Ausgelöschten], http://www.mladina.si/dnevnik/23-04-2008-nova_peticija_v_podporo_brisanim/ (30.04.2008).

nicht an das Projekt der Unabhängigkeit Sloweniens geglaubt haben und ist daher der Ansicht, dass sie wegen des mangelnden Vertrauens an und Illoyalität gegenüber Slowenien die Staatsbürgerschaft, eine Rückgabe des permanenten Aufenthaltsrechts sowie die damit verbundenen Rechte und das Recht auf Schadenersatz nicht verdienen. Der andere Teil der Öffentlichkeit betrachtet die Ausgelöschten als praktisches Thema für Vorwahlmanöver zum Zweck des Stimmengewinns. Juristen und Nichtregierungsorganisationen, die sich für den Rechtsstaat und die Einhaltung der Menschenrechte einsetzen, verweisen auf die rechtliche Grauzone der Ausgelöschten und fordern eine Klärung und Beendigung der Diskriminierung.]

4.2.2 Von der Isolation zur politischen Subjektivierung

In der Zeit von 1994 bis 1999, als die erste verfassungsgerichtliche Entscheidung gefällt wurde, beschleunigte sich die Dynamik des Konfliktes. Die Ideologie der Ausgrenzung wurde zunehmend Gegenstand juristischer und sozialwissenschaftlicher Theoretisierungen. Es stellte sich die Frage nach der Verantwortung, die nicht beantwortet werden konnte, so lange von den politischen AkteurInnen die „Auslöschung" selbst geleugnet wurde. Daraus leitete sich auch der Bezug zum Phänomen, das Vlasta Jalušič als „organized innocence syndrom"[352] bezeichnet hat, ab. Die Zurückweisung jeglicher Verantwortung wurde kombiniert mit der Strategie des Verschweigens, mit der der Ausschluss der MitbürgerInnen in vielfacher Weise umgedeutet werden konnte.

Die sozialen Realitäten, die sich aus der administrativen Praxis der „Löschung" und den dadurch in Gang gesetzten Ausschlussprozessen für die Betroffenen ergeben haben, waren gekennzeichnet von existentieller Unsicherheit, Isolation und Diskriminierung. Vor diesem Hintergrund gilt es auch auf die Bedeutung der politischen Subjektivierung[353] der „Ausgelöschten" hinzuweisen, die mit ihrer politischen Organisierung erst zehn Jahre nach dem administrativen Ausschluss die politischen, sozialen und symbolischen Dimensionen des Kampfes sichtbar machen konnten. Mit verschiedenen Aktivitäten und auch mit Aktionismus haben sie eine (neue) Form europäischer Öffentlichkeit mitgestaltet und auf diese Weise auf die Exklusivität der EU-BürgerInnenschaft aufmerksam gemacht.

Die Organisierung der „Ausgelöschten" hat die mit der individuellen Betroffenheit verbundene Isolation und die Tabuisierung durchbrochen. Mit der politischen Subjektivierung entstand ein vollständigeres Bild von der Systematik der Diskriminierungen und deren Auswirkungen. Hier zeigt sich auch die Bedeutung des allgemeinen Konsenses, der den gesellschaftlichen Hintergrund für die zunehmende Instrumentalisierung bestehender Ressentiments bildete.

---

352 Jalušič/Dedić: (The) Erasure – mass human rights violation and denial of responsibility, S. 100.
353 Zorn: Politike izključevanja v nastajanju slovenske državnosti, S. 23.

Die Konstitution des neuen Staates auf ethnischen Grundlagen führte zu sozialen Differenzierungen und zum Ausschluss von als „Nicht-Slowenen" klassifizierten BewohnerInnen Sloweniens.

4.2.3 Mit Aktionismus gegen die „stille Diplomatie"

Die Organisierung eines Kreises von Betroffenen erfolgte anlässlich des zehnjährigen „Jubiläums" der „Auslöschung". Am 23. Februar 2002 wurde der Entschluss gefasst, einen Verein zu gründen. Der Verein *Društvo izbrisanih prebivalcev Slovenije - združenje za človekove pravice (DIPS)* [Verein der ausgelöschten Einwohner Sloweniens – Assoziation für Menschenrechte] wurde nicht ohne Widerstand seitens der Vereinsbehörden gegründet[354]. Die rechtliche Unterstützung des ehemaligen Verfassungsrichters Matevž Krivic war zu diesem Zeitpunkt mit entscheidend dafür, dass die Hürde der Vereinsgründung genommen wurde. Der Vereinszweck wurde im Artikel 1 der Statuten folgendermaßen formuliert:

> Namen društva je delovati za konkretno zaščito pravic posameznika in skupin ljudi in je na ta način posvečen humanitarnim vprašanjem in dobrobiti skupnosti. Posebna in **prva prioritetna naloga** društva je, da na demokratičen in civiliziran način, s pravnimi sredstvi ustvari pogoje za sprejetje posebnega zakona za popravo krivic prisilno izgnanim državljanom bivše SFRJ iz Republike Slovenije ter tudi protipravno izbrisanim državljanom bivše SFRJ iz registra stalnih prebivalcev Republike Slovenije, s primerno odškodnino.[355]

> [Der Vereinszweck ist gerichtet auf die Tätigkeit zum konkreten Schutz der Rechte von einzelnen und Gruppen von Menschen und ist damit humanitären Fragen und dem gesellschaftlichen Wohl gewidmet. Die besondere und **prioritäre Aufgabe** des Vereins ist es, auf demokratische und zivilisierte Weise und mit rechtlichen Mitteln die Voraussetzungen für die Verabschiedung eines Gesetzes zur Beseitigung des Unrecht zu schaffen, das die zwangsweise aus Slowenien abgeschobenen sowie die rechtswidrig aus dem Bevölkerungsregister der Republik Slowenien gelöschten Staatsbürger der früheren SRFJ erfahren haben, und zwar mittels einer angemessenen Entschädigung.]

Neben der Verbreitung der Inhalte der Helsinki Schlussakte und Unterstützung bei der Verbreitung und Entwicklung der Menschenrechte gehört die konkrete Unterstützung aller von Menschenrechtsverletzungen Betroffenen zu den Vereinszielen. In Verbindung mit dem in Artikel 1 genannten Vereinszweck wurden folgende Aufgaben definiert:

> Verodostojno in sistematično informirati domačo in tudi tujo javnost, o stopnji izpolnjevanja in varstva človekovih pravic na ozemlju Republike Slovenije, s posebnim poudarkom na prioritetne naloge iz 1. člena, opozarjati na vsako kršitev ali

---

354 http://www.izbrisani.org/Statut.htm (01.04.2008).
355 http://www.izbrisani.org/Statut.htm (16.05.2008).

ogrožanje pravic z objavo rednih ali občasnih poročil-izjav in publikacij, kakor tudi na tiskovnih konferencah.³⁵⁶

[Die wahrheitsgetreue und systematische Information der in- und ausländischen Öffentlichkeit über den Grad der Verwirklichung der Menschenrechte auf dem Gebiet der Republik Slowenien mit besonderem Schwerpunkt auf dem in Artikel 1 genannten Vereinszweck sowie das Aufzeigen jeder Rechtsverletzung oder Rechtsgefährdung mittels Veröffentlichungen regelmäßiger Berichte, Erklärungen bzw. Publikationen und Pressekonferenzen.]

Die Bedeutung dieser Organisierung kann nicht überschätzt werden, da damit die Individualisierung der Betroffenheit aufgebrochen wurde. Es gab unterschiedliche Aktivitäten, die entsprechend den Statuten sowohl auf der rechtlichen Ebene als auch mittels Öffentlichkeitsarbeit umgesetzt wurden.

Mit der systematischen Information gelang es auch, internationale Institutionen über die Situation der „Ausgelöschten" zu informieren. 2003 hat der Menschenrechtskommissar des Europarates Slowenien besucht und ausführlich über die rechtliche Situation der „Ausgelöschten" berichtet³⁵⁷. Auch die Europäische Kommission gegen Rassismus und Intoleranz (ECRI) hat die Situation der „Ausgelöschten" in den Jahresberichten erwähnt und die staatlichen Behörden zur Beseitigung der Folgen der Auslöschung aufgefordert. Internationale Menschenrechtsorganisationen wie *Amnesty International* haben begonnen, sich für die Durchsetzung der Rechte der „Ausgelöschten" zu engagieren. Schließlich sind auch zwei Ausschüsse der Vereinten Nationen über die Anliegen der „Ausgelöschten" informiert worden. Es waren dies der Ausschuss für Menschenrechte und der Ausschuss für ökonomische, soziale und kulturelle Rechte³⁵⁸.

4.2.4 Der Rechtsweg führt nach Straßburg, die Karawane der AktivistInnen bricht nach Brüssel auf

Im Herbst 2006 wurde in Kooperation von JuristInnen und AnwältInnen aus Slowenien und Italien eine Sammelklage von elf Betroffenen beim EGMR eingebracht, womit die Verantwortung der Republik Slowenien für die Folgen der rechtswidrigen „Löschung" geklärt werden sollte. Der Erstunterzeichner der KlägerInnen ist im Juni 2008 verstorben, die Klage ist weiterhin beim EGMR als Fall „Makuc und andere gegen Slowenien" anhängig. Am 16. Oktober haben sich verschiedene Institutionen im Rahmen einer *Third Party Intervention* der Klage angeschlossen und umfassende Informationen über die rechtliche Situa-

---

356 Ebenda.
357 Report by Mr. Alvaro Gil-Robles, Commissioner for Human Rights, on his visit to Slovenia, 11 – 14 May 2003, CommDH(2003/11).
358 http://www.izbrisani.org (11.02.2008).

tion eingebracht[359]. Diese Entscheidung wird von erheblicher Relevanz für die grundrechtliche Entwicklung in Europa sein, wie ein Anwalt und Vertreter der KlägerInnen feststellt[360]. Gleichzeitig verweist er darauf, dass dieser Fall neben der rechtlichen auch eine dezidiert politische Dimension für Europa hat und stellt – befragt zur menschenrechtlichen bzw. grundrechtlichen Bedeutung – einen Vergleich zur Verurteilung Italiens im Fall „Lampedusa" her. In dieser Entscheidung wurde die Republik Italien wegen der kollektiven Abschiebungen von MigrantInnen und dem Bruch internationaler Verpflichtungen verurteilt. In weiterer Folge kam es auch zur Annahme einer „Entschließung" des Europäischen Parlaments, das diese Vorgangsweise entschieden verurteilte[361]. Damit setzte eine verstärkte Aufmerksamkeit im Hinblick auf Menschenrechtsverletzungen an den Grenzen Europas sowie auf die zunehmende Militarisierung der europäischen Grenzen und die Schaffung der dafür notwendigen Strukturen und Agenturen ein[362].

Es ist aber auch denkbar, dass die nachfolgenden Entwicklungen an den Außengrenzen Europas die Bedeutung der rechtlichen Klärung des Falls der „Ausgelöschten" bereits überholt haben. Menschenrechtsorganisationen, wie *borderline europe*[363], *Amnesty International* und *pro Asyl*[364] dokumentieren die zunehmende Brutalisierung bei der militärischen Abwehr gegen Flüchtlinge im Mittelmeerraum, die eine Folge des „harmonisierten" und koordinierten Grenzschutzes sowie der gemeinsamen europäischen Asyl- und Migrationspolitik ist. Dass die nationalen Behörden und die für den Grenzschutz zuständigen Agenturen bei der Abwehr von Flüchtlingen geltendes Völkerrecht verletzen, ist Gegenstand andauernder Kritik von NGOs. Diese haben aber gemeinsam mit Internationalen Organisationen, die sich mit Fragen der Migration

---

359 Zu den KlägerInnen im Rahmen dieser „Third Party Intervention" gehören das Mirovni Institut [Friedensinstitut], das pravni informaciski center nevladnih organizaciji [Rechtsinformationszentrum der Nichtregierungsorganisationen], das Open Society Institut in New York sowie der Equal Rights Trust London: http://www2.mirovni-institut.si/eng_html/news/public_statement_intervention.pdf (24.08.2009).
360 Anton Giulio Lana, im Interview mit Jani Sever: „Imamo različne cilje. Eni so tehnično-pravni, drugi pa, lahko rečemo - ‚politični'." [Wir haben verschiedene Ziele. Die einen sind rechts-technischer Art, die anderen hingegen sozusagen - „politisch"], in: Mladina št. 38/2006, http://www.mladina.si/tednik/200638/clanek/slo-intervju--jani_sever/ (01.12.2006).
361 Entschließung des Europäischen Parlaments zu Lampedusa, angenommen am 14. April 2005, in: Bulletin EU 4-2005, http://europa.eu/cgi-bin/printbu.cgi?lng=de&no= 200504pt=p102006 (10.01.2007).
362 Vogelskamp, Dirk: Jenseits der Menschenrechte – Der europäische Kampf gegen die undokumentierte Migration, in: Komitee für Grundrechte und Demokratie. Jahrbuch 2007, Münster 2007, S. 113ff.
363 http://www.borderline-europe.de/ (01.07.2009).
364 http://www.migration-info.de/mub_artikel.php?Id=070804 (03.07.2009).

beschäftigen, eine mehrdeutige und oft widersprüchliche Funktion, da sie durch „Migrationsforschung" auch Wissen generieren, das von staatlichen Behörden und supranationalen Agenturen zur Verfeinerung der Regierungstechniken genutzt wird um Kämpfe um Teilhabe bzw. die Ausübung von Bewegungsfreiheit zu unterminieren[365].

Eine Gruppe von „Ausgelöschten" hat die rechtlichen Forderungen mit aktivistischen Strategien verbunden. Aleksandar Todorović war zunächst Präsident des *„Vereins der ‚Ausgelöschten' Einwohner Sloweniens"* (DIPS) und Mitinitiator der im April 2007 gegründeten *Civilna iniciativa izbrisanih aktivistov (CIIA)* [Zivile Initiative der ausgelöschten Aktivisten], die neben den rechtlichen Möglichkeiten auch „radikalere" Strategien zur Durchsetzung der Rechte der „Ausgelöschten" als politisch geboten erachtet[366]. In dieser Initiative engagieren sich auch WissenschafterInnen und MenschenrechtsaktivistInnen, die in Kooperation mit anderen Netzwerken in Italien und Frankreich auf die Situation von AsylwerberInnen und MigrantInnen in Slowenien und Europa aufmerksam machen.

Eine Aktion, die von großem medialem Interesse begleitet wurde, war die Karawane der „Ausgelöschten". Mit der viertägigen politischen Reise von Ljubljana durch Europa sollte auf die europäische Dimension der Probleme der „Ausgelöschten" aufmerksam gemacht werden[367]. Die Mitglieder der Karawane informierten verschiedene Öffentlichkeiten über die Auslöschung und forderten eine Klärung der Situation der „Ausgelöschten" noch vor der Übernahme des EU-Vorsitzes im ersten Halbjahr 2008[368]. Die OrganisatorInnen luden auch alle Abgeordneten des slowenischen Parlaments sowie die sieben Abgeordneten im Europäischen Parlament ein, sich an der Karawane zu beteiligen. Das Interesse war sehr eingeschränkt[369]. Die Öffentlichkeitswirksamkeit und das mediale Interesse waren hingegen sehr groß. Die Karawane machte Halt in Triest, Paris und Brüssel, wo Aleksandar Todorović und der italienische Menschenrechtsaktivist Roberto Pignoni von Franco Frattini empfangen wurden.

---

365 Demirović, Alex: NGO, Staat und Zivilgesellschaft – Zur Transformation von Hegemonie, in: Brand, Ulrich/ Demirović, Alex/Görg, Christoph/Hirsch, Joachim: Nichtregierungsorganisationen in der Transformation des Staates, Münster 2001, S. 164f.
366 Ustanovili Civilno iniciativo izbrisanih aktivistov [Gründung der zivilen Initiative der ausgelöschten Aktivisten], http://delo.si/aritcle.print.phd?ID=65333 (23.05.2007).
367 Perić, Dražena: http://www.archive.org/details/Karavana_izbrisanih_-_The_Caravan_of_the_Erased. (10.12.2010).
368 Izbrisani v Bruslju zahtevajo vrnitev pravic. Todorović v Evropskem parlamentu. Izbris še vedno traja, slovenska vlada ne rešuje problema. [Die Auslöschung dauert fort, die slowenische Regierung löst das Problem nicht], http://www.delo.si/clanek/o174621 (05.03.2007).
369 Tonković, T.: Dnevnik karavane izbrisanih.[Das Tagebuch der Karawane der Ausgelöschten], in: Mladina št.49/2006.

Dieser zeigte sich sehr freundlich, erklärte aber tags darauf, dass er für die Lösung dieser Frage nicht zuständig sei.

4.2.5 Die rechtspolitische Wende und der Status quo

Die Parlamentswahlen im Herbst 2008 brachten neue politische Kräfteverhältnisse in Slowenien, welche die rechtliche Klärung der Situation der „Ausgelöschten" begünstigen. Mit der Vierparteienkoalition von Sozialdemokraten (SD), den Liberaldemokraten (LDS), der sozialliberalen Partei mit der Bezeichnung „*Zares*" und der Pensionistenpartei (DeSUS) entstand eine breite Basis für eine Mitte-Linksregierung.

Die neue Innenministerin Katarina Kresal von der LDS traf nach dem Ende der vielkritisierten rechtspopulistischen Politik Janez Janšas auf günstigere politische Rahmenbedingungen als ihre Vorgänger, die in dieser Frage einen „ethnozentristischen Konsens"[370] mit den rechtskonservativen Parteien teilten. Sie zeigte Entschlossenheit bei der Umsetzung der Entscheidung des Verfassungsgerichtshofs, die eine rückwirkende Zuerkennung des Aufenthaltsrechts für die Betroffenen forderte. Diese Vorgehensweise brachte der Ministerin eine parlamentarische Interpellation[371] aber auch breite Rückendeckung innerhalb der Koalitionsparteien und Zustimmung der Institutionen und Personen, die seit Jahren die rechtliche Klärung verlangten. Im Zuge der Stellungnahme zur Interpellation, bezogen die Parteien einmal mehr Position und bewiesen, dass die politische Instrumentalisierung der „Ausgelöschten" einen wesentlichen Teil des Problems darstellt. Die Parteien SDS, SNS und SLS haben Mitte Mai 2009 eine parlamentarische Untersuchungskommission eingerichtet, die das Zustandekommen der neu veröffentlichten Zahlen über die tatsächliche Anzahl von Betroffenen durch das Innenministerium untersuchte[372].

Im Februar 2009 begann das Innenministerium Ergänzungsbescheide für jene Personen zu erlassen, die bereits einen Aufenthaltsstatus erlangt hatten[373]. Die rechtliche Grundlage dafür bildet die Entscheidung des Verfassungsgerichtshofs aus dem Jahr 2003. Auf dieser Basis wurden bereits 2004 ca. 4000

---

370 Hajdinjak, Marko: Slowenien: Ausländerfeindlichkeit als politischer Mainstream, in: Ost-West Gegeninformation, Nr. 3/2004, S. 47.
371 Odzivi na interpelacijo o delu in odgovornosti ministrice Katarine Kresal [Reaktionen auf die Interpellation zur Amtsführung und Verantwortung der Ministerin Katarina Kresal], http://www.mnz.gov.si/nc/si/splosno/cns/novica/article/12027/6271/ (28.04.2009).
372 Seja komisije za izbrisane [Sitzung des Untersuchungsausschusses über die Ausgelöschten], http://www.mladina.si/dnevnik/08-10-2009-seja_komisije_za_izbrisane/ (08.10.2009).
373 Kogovšek: Izbrisani. Predlog ustavnega zakona kot negacija pravne države, S. 183.

Bescheide erlassen, was von der rechten Opposition als Kompetenzüberschreitung des Innenministeriums bezeichnet wurde. Als sich die politischen Mehrheitsverhältnisse nach den Wahlen im Herbst 2004 zugunsten des rechtskonservativen Lagers veränderten, verhinderte die Regierung unter Janez Janša die Ausstellung weiterer Bescheide und verwies auf die Gefahr, dass mit der rückwirkenden Zuerkennung des Aufenthalts für die Betroffenen immense Schadenersatzforderungen auf die Republik Slowenien zukommen würden.

Im Zeitraum zwischen Februar 2009 bis März 2010 wurden nach Informationen des Innenministeriums der Republik Slowenien 2.347 solcher Bescheide erlassen[374]. Für jene Personen, die bisher keinen Aufenthaltsstatus bekommen hatten, kündigte die Innenministerin bereits im Frühjahr 2009 die Vorbereitung eines Gesetzes an, das im Weg der Einzelfallentscheidung die noch offenen Fälle regelt und damit einer rechtlichen Klärung im Sinne der Entscheidungen des Verfassungsgerichtshofs umsetzen soll.

Ein entsprechendes Gesetz wurde am 8. März 2010 im Parlament der Republik Slowenien verabschiedet[375]. Damit wurde eine Lösung der verbleibenden Fälle der „Ausgelöschten" ermöglicht, die bisher keine Regelung ihres Aufenthalts erreichen konnten. Mit dieser Novelle zum ZUSDDD wurden die Voraussetzungen für die Erteilung eines Aufenthaltsstatus für die Betroffenen geschaffen. Schadenersatzrechtliche Ansprüche sieht das Gesetz nicht vor, diese müssen durch einen Schadenersatzprozess geltend gemacht werden.

Gemessen an den Forderungen der organisierten „Ausgelöschten" und deren UnterstützerInnen stellt diese Einzelfallvariante eine pragmatische Minimallösung dar. Dass damit die politische Instrumentalisierung der „Ausgelöschten" nicht beendet ist, zeigte sich im Zuge der Verabschiedung des Gesetzes im Parlament, als Abgeordnete der Oppositionsparteien SDS und SNS die Abhaltung eines Referendums über das Inkrafttreten dieses Gesetz forderten[376]. Ein solches Vorgehen war 2004 gegen das Inkrafttreten des „technischen Gesetzes" erfolgreich, womit die gesetzliche Umsetzung der Entscheidung des Verfassungsgerichtshofs verhindert wurde.

Abgeordnete der Koalitionsparteien der Regierung unter Borut Pahor haben einen Antrag auf Überprüfung der Zulässigkeit des Gesetzesreferendums

---

374 MNZ začel z izdajanjem dopolnilnih odločb izbrisanim, [Das Innenministerium hat mit der Ausstellung von Ergänzungsbescheiden begonnen], http://www.mnz.gov.si/nc/si/splosno/cns/novica/article/12027/6233/ (24.04.2009).
375 Zakon o spremembah in dopolnitvah Zakona o urejanju statusa državljanov drugih držav naslednic nekdanje SFRJ v Republiki Sloveniji (ZUSDDD-B), [Gesetz über die Abänderung und Ergänzung des Gesetzes über die Regelung des Status der Staatsbürger aus anderen Nachfolgestaaten des früheren Jugoslawien in der Republik Slowenien, (ZUSDDD-B)]: Uradni list RS, št. 50/2010.
376 SDS in SNS vložili zahtevo za referendum [SDS und SNS haben einen Antrag für ein Referendum eingebracht] www.delo.si/clanek/101290, (25.03.2010).

über das *ZUSDDD-B* beim Verfassungsgerichtshof der Republik Slowenien eingebracht. Am 10. Juni 2010 hat der Verfassungsgerichtshof der Republik Slowenien entschieden, dass das Ergebnis des Referendums einen verfassungswidrigen Zustand herbeiführen könnte und hat die Abhaltung eines solchen Referendums für nicht zulässig erkärt[377]. Damit dürften die gesetzgeberischen Bemühungen um die Bereinigung der Situation nach mehr als 18 Jahren zu einem Abschluss gekommen sein.

---

377 Entscheidung des Verfassungsgerichtshofs der Republik Slowenien: U-II-1/10.

Zusammenfassung

Nach der Desintegration der SFRJ sind neue Staaten nach dem Modell von Nationalstaaten entstanden, um vielschichtige ökonomische, soziale und politische Probleme zu lösen. Das Konzept der „Rückkehr nach Europa" erfüllte eine wichtige Homogenisierungsfunktion betreffend gesellschafts- und wirtschaftspolitischer Voraussetzungen für eine erfolgreiche Erweiterung der Europäischen Union. Mit der Schaffung neuer Nationalstaaten wurde aber auch eine historische Form von Staatlichkeit fortgeschrieben, die in der völkerrechtlichen Theorie und Praxis fest verankert ist. Die „Dreielementelehre" gibt dabei den Rahmen für die Entstehung von neuen Völkerrechtssubjekten und die damit verbundenen Souveränitätsvorstellungen vor. Der Unbestimmtheit der Definition des „Staatsvolks" als einem konstitutiven Element für Staatenbildung im Völkerrecht steht das „Selbstbestimmungsrecht der Völker" gegenüber. Wenn die Entstehung neuer Staaten unter Berufung auf „nationale" oder „ethnische" Gemeinschaften erfolgt, ist die Exklusion der zuvor als „Andere" konstruierten der komplementäre Effekt dieser Staatsbildungsprozesse. Das Konzept der StaatsbürgerInnenschaft stellt dabei ein wichtiges legitimatorisches Werkzeug dar, mit dem die Zugehörigkeit zum Staatsvolk definiert wird.

Die Ausgestaltung des Staatsbürgerschaftsgesetzes der Republik Slowenien ermöglichte es BürgerInnen aus anderen Teilrepubliken, die Staatsbürgerschaft durch Antragstellung zu erwerben. Davon haben rund 171 000 Personen Gebrauch gemacht. Die Situation der „Ausgelöschten" entstand also nicht durch die gesetzlichen Formulierung der StaatsbürgerInnenschaft, sondern durch Regelungslücken, die mit rechtswidrigen ministeriellen Anweisungen, weitgehender freier Beweiswürdigung und ohne Einhaltung der Verwaltungsverfahrensregeln gelöst wurden. Aus einer ex post Betrachtung der entstandenen Probleme für die Betroffenen und einer Rekonstruktion des Verwaltungshandelns zeigt sich, dass diese Regelungslücken und die damit „in Kauf genommene" Entrechtung der MitbürgerInnen aus anderen ehemaligen Teilrepubliken der SFRJ, die nicht um die slowenische Staatsbürgerschaft angesucht hatten, eine Systematik aufweist.

Mit dem fortschreitenden Nationbuildingprozess in Slowenien hat die Bereitschaft, die früheren MitbürgerInnen aus anderen Teilrepubliken der SFRJ als gleichwertige StaatsbürgerInnen anzuerkennen, nachgelassen. Dies gipfelte in Forderungen nach der Aberkennung der auf Basis des Art. 40 erworbenen Staatsbürgerschaften. In dieser Situation stellten die „Ausgelöschten" den „verbleibenden Rest" dar, der mit Strategien der Rassifizierung und Kriminalisierung zum Symbol des „balkanischen" Anderen wurde. Der rechtswidrige Entzug des legalen Aufenthalts jener Personen, die nicht um die Staatsbürgerschaft der Republik Slowenien angesucht hatten, führte dazu, dass die „Ausgelöschten" ihren legalen Aufenthaltsstatus verloren und über Jahre hinweg verschiedensten Formen von Diskriminierungen ausgesetzt waren.

Die politische Subjektivierung der „Ausgelöschten" wurde durch die Gründung eines Vereins initiert, womit es gelungen ist, der Isolation und Individualisierung der vielfältigen Probleme entgegenzuwirken und die demokratiepolitische Bedeutung für Europa sichtbar zu machen. Durch die kollektive politische Handlungsfähigkeit haben sie sich einen Teil ihrer BürgerInnenschaft angeeignet, der im Widerspruch zum Status der Rechtlosigkeit stand. Mit ihrem Kampf um Anerkennung haben die „Ausgelöschten" auch in die Debatte um die Entstehung einer europäischen BürgerInnenschaft interveniert, und es ist bezeichnend, dass die Institutionen der Europäischen Union ihre Anliegen nur zögernd zur Kenntnis nehmen woll(t)en.

Bei der Frage nach der Bedeutung von territorial, sozial und kulturell definierten Grenzen und Grenzverschiebungen zeigten sich im Zuge des Integrationsprozesses der Republik Slowenien in die EU bemerkenswerte Übereinstimmungen. Die Dynamik der Ausgrenzung lässt sich insbesondere im Zusammenhang mit der Umsetzung des Schengen-Grenzregimes in Slowenien nachvollziehen, da sie veranschaulicht, wie mit der Klassifizierung als EU-BürgerIn, EWR-BürgerIn, Drittstaatsangehörige/r, AsylwerberIn etc. Rechte, Pflichten und Handlungsspielräume zugeteilt und Herrschaftspositionen verfestigt werden. Daher ist das geltende StaatsbürgerInnenschaftsregime in den Ländern der Europäischen Union nicht von der Migrationspolitik und der Asylpraxis zu trennen. Diese Verflechtung wurde auch bei den gescheiterten Versuchen, die Situation der „Ausgelöschten" zu klären, sichtbar. Die Verweigerung gesellschaftlicher Teilhabe und die beharrliche Aneignung der verwehrten Rechte durch die „Ausgelöschten" zeigen, dass die Entwicklung einer Europäischen BürgerInnenschaft einmal mehr die Frage nach dem Verhältnis von Freiheit und Gleichheit aufwirft.

Weiters zeigte sich bei der Analyse der Situation der „Ausgelöschten", dass die Menschenrechte nach wie vor an die StaatsbürgerInnenrechte gekoppelt sind und sich die Aporie der Menschenrechte durch die Ausweitungen des (Staats-)BürgerInnenbegriffs nicht auflösen lässt. Eindrucksvoll kann dies anhand der im Zusammenhang mit der Entstehung neuer Staaten nach der Desintegration der UdSSR und Jugoslawiens aufgetretenen Fälle von Staatenlosigkeit nachvollzogen werden, bei denen es wie bereits zu Hannah Arendts Zeiten „ums Ganze" geht. Der Verlust des Status bzw. die Unmöglichkeit sich als Angehörige/r eines Staates zu deklarieren, katapultierte die Betroffenen in den rechtsfreien Raum, der ein Laboratorium für die Feststellung der realen demokratischen Verhältnisse in einer Gesellschaft darstellt. Versuche, StaatsbürgerInnenschaft in pragmatischer Weise in rechtliche und inhaltliche Aspekte aufzuspalten oder durch „Bindestriche" zu erweitern, wie dies in der Citizenshipdebatte versucht wurde, erweisen sich bei der Auseinandersetzung mit den menschenrechtlichen Aspekten von StaatsbürgerInnenschaft als unzureichend.

Die Beurteilung der Frage, wie dem rechtswidrigen Entzug des legalen Aufenthalts der „Ausgelöschten" begegnet werden sollte, hat alte Konfliktlagen zwischen verschiedenen AkteurInnen des Unabhängigkeitsprozesses in Slowenien aktualisiert. Die Polarisierungen reichten von der schlichten Leugnung des Phänomens der „Ausgelöschten" bis zur Forderung nach einer menschenrechtskonformen Lösung der gesetzlichen Grauzone. Im Parteienspektrum der Republik Slowenien spiegelte sich dies in einer „Links-Rechts-Polarisierung" wider, die aufgrund der politischen Kräfteverhältnisse eine adäquate Regelung lange Zeit unmöglich machte. Die anhaltende gesellschaftliche Auseinandersetzung mit dem Phänomen der „Auslöschung", unterstützt durch die Internationalisierung der Debatte, hat es ermöglicht, dass auch politische AmtsträgerInnen den Akt der „Auslöschung" als gravierende Menschenrechtsverletzung im Zusammenhang mit der Entstehung der Republik Slowenien qualifizieren können und die Frage nach der Verantwortung stellen.

Literaturverzeichnis

Anderson, Benedict: Die Erfindung der Nation. Zur Karriere eines folgenreichen Konzepts, Frankfurt am Main/New York 1996.

Andreev, Svetlozar: Making Slovenian Citizens: The Problem of the Former Yugoslav Citizens and Asylum Seekers Living in Slovenia, in: Southeast European Politics, vol. 4, no. 1/2003, S. 1 – 24.

Arato, Andrew: Bruch oder Kontinuität? Verfassungsdebatten in den neuen Demokratien, in: Transit. Europäische Revue, Nr. 9/1995, S. 6 – 22.

Arendt, Hannah: Elemente und Ursprünge totaler Herrschaft. Antisemitismus, Imperialismus, totale Herrschaft, München/Zürich 2005.

Arns, Inka: Neue Slowenische Kunst - NSK: Laibach, Irwin, Gledališče Sester Scipion Nasice, Kozmokinetično Gledališče Rdeči Pilot, Kozmokinetični Kabinet Noordung, Novi Kolektivizem: eine Analyse ihrer künstlerischen Strategien im Kontext der 1980er Jahre in Jugoslawien, Regensburg 2002.

Bachmaier, Peter: Slowenien und seine Gastarbeiter aus dem jugoslawischen Süden, in: Osteuropa, Jg. 40, Nr. 6/1990, S. A367 – A376.

Balke, Friedrich/Habermas, Rebekka/Nanz, Patrizia/Sillem, Peter (Hg.Innen): Schwierige Fremdheit. Über Integration und Ausgrenzung in Einwanderungsländern, Frankfurt am Main 1993.

Balibar, Étienne/Wallerstein Immanuel: Rasse – Klasse – Nation, Hamburg/Berlin 1990.

Balibar, Étienne: Die Grenzen der Demokratie, Hamburg 1993.

Balibar, Étienne: Gibt es einen „europäischen Rassismus"? Elemente einer Analyse und einer Handlungsorientierung, in: Friedrich Balke u.a. (Hg.Innen): Schwierige Fremdheit. Über Integration und Ausgrenzung in Einwanderungsländern, Frankfurt am Main 1993, S. 119 – 134.

Balibar, Étienne: Sind wir Bürger Europas? Politische Integration, soziale Ausgrenzung und die Zukunft des Nationalen, Hamburg 2003.

Balibar, Étienne: Der Schauplatz des Anderen. Formen der Gewalt und Grenzen der Zivilität, Hamburg 2006.

Barber-Kersovan, Alenka: Vom „Punk-Frühling" zum „Slowenischen Frühling": Der Beitrag des slowenischen Punk zur Demontage des sozialistischen Wertesystems, Hamburg 2005.

Bear, Stephanie: Der Zerfall Jugoslawiens im Lichte des Völkerrechts, Frankfurt am Main u.a. 1995.

Bellamy, Richard/Warleigh, Alex: Citizenship and Governance in the European Union, London/New York 2001.

Benhabib, Seyla: Wer sind Wir? Probleme politischer Identitäten im ausgehenden 20. Jahrhundert, Wien 1997.

Bernik, Ivan: Der Übergang von der heroischen in die prosaische Etappe: Slowenien, in: Pradetto, August (Hg.): Die Rekonstruktion Ostmitteleuropas. Politik, Wirtschaft und Gesellschaft im Umbruch, Opladen 1994, S. 121 – 142.

Beyme, Klaus von/Offe, Claus (Hg.): Politische Theorien in der Ära der Transformation, Politische Vierteljahresschrift, Sonderheft 26/1995, Opladen 1996.

Bibić, Bratko: Hrup z metelkove. Transicija prostorov in kulture v Ljubljani, Ljubljana 2003.

Bielefeld, Uli (Hg.): Das Eigene und das Fremde. Neuer Rassismus in der alten Welt?, Hamburg 1991.

Bieling, Hans-Jürgen/Steinhilber, Jochen (Hg.): Die Konfiguration Europas. Dimensionen einer kritischen Integrationstheorie, Münster 2000.

Bircke, Dieter: Minderheiten im östlichen Mitteleuropa: Deutsche und europäische Optionen, Baden-Baden 1995.

Blitz, Brad K.: Statelessness and the Social (De)Construction of Citizenship: Political Restructuring and Ethnic Discrimination in Slovenia, in: Journal of Human Rights, 5/2006, S. 453 – 479.

Blitz, Brad/Lynch, Maureen: Statelessness: The Global Problem, Relevant Literature, and Research Rationale, in: Statelessness and the Benefits of Citizenship. A Comparative Study, Genf 2009.

Bohle, Dorothee: EU-Integration und Osterweiterung: die Konturen einer neuen europäischen Unordnung, in: Bieling, Hans-Jürgen/Steinhilber, Jochen (Hg.): Die Konfiguration Europas. Dimensionen einer kritischen Integrationstheorie, Münster 2000, S. 304 – 330.

Bohle, Dorothee: Harsche Bedingungen für Osteuropas Rückkehr nach Europa, in: Kurswechsel, Nr.1/2004, S. 52 – 59.

Bourdieu, Pierre u.a.: Rassismus und Nationalismus heute, übers. von Bertram, Helmut/Wolfstetter, Lothar (Hg.): Die Diskussion in Frankreich (Bd. 1), Frankfurt am Main 1994.

Brand, Ulrich/Demirović, Alex/Görg, Christoph/Hirsch, Joachim: Nichtregierungs-organisationen in der Transformation des Staates, Münster 2001.

Bratož, Nataša/Hanžek, Matjaž/Samaluk, Barbara: Problematika „izbrisanih" v letnih poročilih Varuha, Ljubljana 2004.

Brecht, Bert: Flüchtlingsgespräche, Frankfurt am Main 1998.

Bugarič, Bojan: Upravno pravo in človekove pravice: Primer izbrisanih, in: Ljubo, Bavcon (Hg.): Pravne razsežnosti človekovih pravic, Ljubljana 2006, S. 131 – 135.

Calić, Marie-Janine: Nationalitätenfrage und Minderheitenpolitik in Slowenien, in: Bircke, Dieter: Minderheiten im östlichen Mitteleuropa: Deutsche und europäische Optionen, Baden-Baden 1995, S. 170-186.

Caplan, Richard: Europe and the Recognition of New States in Yugoslavia, Cambridge 2005.

Cerar, Miro: Die verfassungsrechtlichen Grundlagen der Konstituierung des Staates Slowenien, in: Joseph, Marko/Tomislav, Borić (Hg.): Slowenien – Kroatien – Serbien. Die neuen Verfassungen, Wien u.a. 1991, S. 100 – 140.

Croissant, Aurel/Lauth, Hans-Joachim/ Merkel, Wolfgang: Zivilgesellschaft und Transformation: ein internationaler Vergleich, in: Henkes, Christian/ Merkel Wolfgang (Hg.): Systemwechsel 5. Zivilgesellschaft und Transformation, Opladen 2000, S. 9 – 50.

Çinar, Dilek: Alter Rassismus im neuen Europa? Anmerkungen zur Novität des Neo-Rassismus, in: Kossek, Brigitte (Hg.in): Gegen-Rassismen. Konstruktionen – Interaktionen – Interventionen, Hamburg/Berlin 1999, S. 55 – 72.

Cremer, Hendrik: Zur Problematik des Begriffs "Rasse" in der Gesetzgebung, http://www.migration-boell.de/web/diversity/48_1971.asp, (01.09.2009).

Dedić, Jasminka/Jalušič, Vlasta/Zorn, Jelka: The erased. Organized innocence and the politics of exclusion, Ljubljana 2003.

Dedić, Jasminka: Discrimination in granting Slovenian citizenship, in: Dies. /Jalušič, Vlasta/ Zorn, Jelka: The erased. Organized innocence and the politics of exclusion, Ljubljana 2003, S. 25 – 92.

Demirović, Alex: NGO, Staat und Zivilgesellschaft – Zur Transformation von Hegemonie, in: Brand, Ulrich/Demirović, Alex/Görg, Christoph/Hirsch, Joachim: Nichtregierungsorganisationen in der Transformation des Staates, Münster 2001, S. 141 – 168.

Demirović, Alex/Bojadžijev, Manuela (Hg.Innen): Konjunkturen des Rassismus, Münster 2002.

Drčar Murco, Mojca, u.a.: Five Minutes of Democracy. The image of Slovenia after 2004, Ljubljana 2008.

Farimah, Daftary/François, Grin (eds.): Nation-Building, Ethnicity and Language Politics in Transition Countries, Budapest 2003.

Fiedler, Wilfried: Der Zeitfaktor im Recht der Staatensukzession, in: Haller, Herbert (Hg.): Staat und Recht. Festschrift für Günther Winkler, Wien/New York 1997, S. 217 – 236.

Fiedler, Wilfried: Staatensukzession und Menschenrechte, in: Ziemske, Burkhardt u.a. (Hg.): Staatsphilosophie und Rechtspolitik. Festschrift für Martin Kriele, München 1997, S. 1371 – 1391.

Fink-Hafner, Danica/Robbins, John: Making a new Nation: The Formation of Slovenia, Aldershot 1997.

Flügel, Oliver/Heil, Reinhard/Hetzel, Andreas (Hg.): Die Rückkehr des Politischen. Demokratietheorien heute, Darmstadt 2004.

Gellner, Ernest: Nationalismus in Osteuropa, Wien 1996.

Giersch, Carsten: Konfliktregulierung in Jugoslawien 1991 – 1995. Die Rolle von OSZE, EU, UNO und NATO, Baden-Baden 1998.

Grafenauer, Niko: In eigener Sache, in: Miladinović Zalaznik, Mira (Hg.in), übersetzt von Klaus Detlev Olof u.a.: Begegnungen, Ljubljana 1995, S. 5 – 7.

Grah, Matija: Madež na samostojni Sloveniji. Izjava o dobrih namenih, nato odvzem pravice do prebivanja, in: DELO, 22.06.2002, sobotnapriloga, S. 8 – 9.

Guillaumin, Colette: Rasse. Das Wort und die Vorstellung, in: Bielefeld, Uli (Hg.): Das Eigene und das Fremde. Neuer Rassismus in der alten Welt?, Hamburg 1992, S.159 – 173.

Hajdinjak, Marko: Tolerantly Ethnic and Aggressively Civic? Redefining the Definitions of Nationalism, in: Kovács, Mária/Lom, Petr (eds.): Studies on Nationalism from CEU, Budapest 2004, S. 247 – 258.

Hajdinjak, Marko: Slowenien: Ausländerfeindlichkeit als politischer Mainstream, in: Ost-West Geneninformation Nr. 3/2004, S. 44 – 49.

Hall, Stuart: Rassismus als ideologischer Diskurs, in: Das Argument, Jg.31, Nr. 178/1989, S. 913 – 921.

Haller, Herbert (Hg.): Staat und Recht. Festschrift für Günther Winkler, Wien/New York 1997.

Hanžek, Matjaž: When will words become actions? Reflections on hate speech in Slovenia, http://www.eurozine.com/articles/2007-07-20-hanzek-en.html (16.01.2008).

Henkes, Christian/Merkel, Wolfgang (Hg.): Systemwechsel 5. Zivilgesellschaft und Transformation, Opladen 2000.

Hille, Saskia: Völkerrechtliche Probleme der Staatenanerkennung bei den ehemaligen jugoslawischen Teilrepubliken, München 1996.

Hills, Alice: Border security in the Balkans: Europe's gatekeepers, Oxford/New York 2004.

Hösler, Joachim: Slowenien. Von den Anfängen bis zur Gegenwart, Regensburg 2006.

Hösler, Joachim: Sloweniens historische Bürde, in: Das Parlament – APuZ, 6/2006, S. 31 – 38.

Ignatieff, Michael: Reisen in den neuen Nationalismus, Frankfurt am Main/ Leipzig 1996.

Isin, Engin F./Turner, Bryan S.: Handbook of citizenship studies, London u.a. 2002.

Iveković, Rada: The New Democracy – With Women or Without Them?, in: Ramet, Sabrina P./Adamovich, Ljubiša S.: Beyond Yugoslavia. Politics, Economics, and Culture in a Shattered Community, Boulder/San Francisco/Oxford 1995, S. 395 – 411.

Iveković, Rada: Grenzen übersetzen Schranken des Nationalismus, Transnationalismus und Translationismus, http://eipcp.net/transversal/0608/ivekovic/de (22.05.2008).

Jäger, Siegfried/Jäger, Margarete: Das Dispositiv des Institutionellen Rassismus, in: Demirović, Alex/Bojadžijev, Manuela (Hg.Innen): Konjunkturen des Rassismus, Münster 2002, S. 213 – 224.

Jalušič, Vlasta: Schwierigkeiten mit der Demokratie. Das unabhängige Slowenien und die Frauen, in: Kreisky, Eva (Hg.in): Vom patriarchalen Staatssozialismus zur patriarchalen Demokratie, Wien 1996, S. 23 – 51.

Jalušič, Vlasta: Die Geschlechterfrage und die Transformation in Ostmitteleuropa, in: Kreisky, Eva/Sauer, Birgit (Hg.innen): Geschlechterverhältnisse im Kontext politischer Transformation, Politische Vierteljahresschrift, Sonderheft 28/1997, Opladen/Wiesbaden 1998, S. 450 – 474.

Jalušič, Vlasta: Organized Innocence, in: Dies. /Dedić, Jasminka/Zorn, Jelka: The erased. Organized innocence and the politics of exclusion, Ljubljana 2003, S. 7 – 24.

Jalušič, Vlasta/ Dedić, Jasminka: (The) Erasure – mass human rights violation and denial of responsibility: The case of independent Slovenia, in: Human Rights Review, vol. 9, 3/2008, S. 93 – 108.

Jeffs, Nikolai: Die slowenische Kultur des Wartens und der Angst, http://kwml.net/output/?f=&e=58&page=rb_ARTIKEL&a=c9333fb9&c=Osteuropa (14.11.2007).

Kač, Miha/Krisch, Miha: Pregled predpisov o državljanstvu 1918 – 1991, in: 5. dnevi javnega prava, Portorož, 7. – 9. junij 1999, Ljubljana 1999, S. 607 – 646.

Kavčič, Igor/Grad, Franc: Ustavna ureditev Republike Slovenije, Ljubljana 2003.

Kerber, Linda K.: The Meanings of Citizenship, in: The Journal of American History, vol. 84/1997, S. 833 – 854.

Kimminich, Otto/Hobe, Stephan: Einführung in das Völkerrecht, Tübingen 2008.

Kogovšek, Neža: Ustavni zakon o izbrisanih – še ena diskriminacija, in: Pravna praksa, let. 26, št. 47/2007, S. 19 – 20.

Kogovšek, Neža: Izbrisani. Predlog ustavnega zakona kot negacija pravne države, in: Časopis za kritiko znanosti, domišljijo in novo antropologijo, let. 35, št. 228/2008, S. 177 – 193.

Komac, Miran: Forming a New Nation-State and the Repression or Protection of Ethnic Minorities. The Case of Slovenia, in: Nagel, Stuart S. /Robb, Amy (eds.): Handbook of Global Social Policy, New York 2001, S. 267 – 269.

Kos, Borivoj: Comparative Analisis of Citiztenship Laws oft he Newly Emerged States oft the Former Yugoslavija, in: Javna uprava, 3/1996, S. 363 – 368.

Kossek, Brigitte (Hg.in): Gegen-Rassismen. Konstruktionen – Interaktionen – Interventionen, Hamburg/Berlin 1999.

Kostakopoulou, Theodora: Invisible Citizens? Long-term Resident Third-country Nationals in the EU and their Struggle for Recognition, in: Bellamy, Richard/ Warleigh, Alex: Citizenship and Governance in the European Union, London/New York 2001, S. 180 – 205.

Kovács, Mária/Lom, Petr (ed.): Studies on Nationalism from CEU, Budapest 2004.

Kreisky, Eva: Der Staat ohne Geschlecht? Aufsätze feministischer Staatskritik und feministischer Staatserklärung, in: Dies./Sauer, Birgit (Hg.innen): Feministische Standpunkte in der Politikwissenschaft. Eine Einführung, Frankfurt am Main/New York 1995, S. 203 – 222.

Kreisky, Eva (Hg.in): Vom patriarchalen Staatssozialismus zur patriarchalen Demokratie, Wien 1996.

Kreisky, Eva/Sauer, Birgit (Hg.innen): Geschlechterverhältnisse im Kontext politischer Transformation, Politische Vierteljahresschrift, Sonderheft 28/1997, Opladen 1998.

Kreuzer, Christine: Staatsangehörigkeit und Staatensukzession. Die Bedeutung der Staatensukzession für die staatsangehörigkeitsrechtlichen Regelungen in den Staaten der ehemaligen Sowjetunion, Jugoslawiens und der Tschechoslowakei, Konstanz 1997.

Krivic, Matevž: Postskriptum, in: Dedić, Jasminka/Jalušič, Vlasta/Zorn, Jelka: The erased. Organized innocence and the politics of exclusion, Ljubljana 2003, S. 157 – 164.

Krivic, Matevž: Bavcona „bomba" – in Drnovškov molk, in: Mladina, št. 31/2003. http://www.mladina.si/tednik/200321/clanek/kolumna/ (04.06.2006).

Krivic, Matevž: Janša, Peterle, Drnovšek – in Poncij Pilat..., in: Mladina, št. 51/2003, http://www.mladina.si/tednik/200351/clanek/slo-kolumna--matevz_krivic/ (04.06.2006).

Krivic, Matevž: Politična maškarada, Maska "ustavni zakon" – najlepša maska letošnje predpustne veselice?, in: Mladina št. 08/2004, http://www.mladina.si/tednik/200408/clanek/slo-kolumna--matevz_krivic/ (04.06.2006).

Krivic, Matevž: Politični zločin, ne »administrativna napaka«, in: Pravna praksa, let. 26, št. 9/2007, S. 21 – 22.

Krivic, Matevž: Stare in nove neresnice o izbrisanih, http://www.izbrisani.org/Stare%20in%20nove%20neresnice%20o%20izbrisanh.htm (29.08.2009).

Kuzmanić, Tonči: Hate Speech in Slovenia. Slovenian Racism, Sexism and Chauvinism, Ljubljana 1999.

Langer, Marie: Das gebratene Kind und andere Mythen. Die Macht unbewußter Phantasien, Freiburg im Breisgau 1987.

Lipovec Čebron, Uršula: Brez zdravstvene kartice nisi nihče. Intervju z Aleksandrom Dopliharjem, in: Časopis za kritiko znanosti, domišljijo in novo antropologijo let. 35, št. 228/2008, S. 76 – 79.

Lipovec Čebron, Uršula: Metastaze isbriza, in: Časopis za kritiko znanosti, domišljijo in novo antropologijo let. 35, št. 228/2008, S. 59 – 75.

Mackert, Jürgen/Müller, Hans-Peter (Hg.): Citizenship – Soziologie der Staatsbürgerschaft, Wiesbaden 2000.

Mann, Michael: Die dunkle Seite der Demokratie, Eine Theorie der ethnischen Säuberungen, Hamburg 2007.

Marko, Joseph/Borić, Tomislav, (Hg.): Slowenien – Kroatien – Serbien. Die neuen Verfassungen, Wien u.a. 1991.

Mastnak, Tomaž: Civil Society in Slovenia. From Opposition to Power, in: Seroka, Jim/Pavlović, Vukašin (eds.): The Tragedy of Yugoslavia, Armonk London 1992.

Mekina, Borut: Vedeli so, kaj delajo, in: Mladina, št. 09/2008, http://www.mladina.si/tednik/200645/clanek/uvo-uvodnik--grega_repovz/ (05.05.2008).

Mekina, Igor: Izbris izbrisa, in: Časopis za kritiko znanosti, domišljijo in novo antropologijo let. 35, št. 228/2008), S. 157 – 170.

Mencinger, Jože: Costs and Benefits of Secession, in: Fink-Hafner, Danica/ Robbins, John: Making a new Nation: The Formation of Slovenia, Aldershot 1997, S. 204 – 216.

Melčić, Dunja: Zwischen Pluralismus und Denkdiktat. Die Medienlandschaft, in: Dies. (Hg.in): Der Jugoslawien-Krieg. Handbuch zu Vorgeschichte, Verlauf und Konsequenzen, Wiesbaden 2007, S. 312 – 324.

Merkel, Wolfgang: Theorien der Transformation: Die demokratische Konsolidierung postautoritärer Gesellschaften, in: Beyme, Klaus von/ Offe,

Claus (Hg.): Politische Theorien in der Ära der Transformation, Politische Vierteljahresschrift, Sonderheft 26/1995, Opladen 1996, S. 30 – 58.

Merkel, Wolfgang: Gegen alle Theorie? Die Konsolidierung der Demokratie in Ostmitteleuropa, in: Politische Vierteljahresschrift, Jg. 48. Nr. 3/2007, S. 413 – 433.

Mesojedec Pervinšek, Alenka: Predpisi o državljanih in tujcih, Ljubljana 1997.

Mesojedec Pervinšek, Alenka: Učinek mednarodnega prava v notranjem pravu Republike Slovenije na področju državljanstva, in: 5. dnevi javnega prava: Portorož, 7. – 9. junij, 1999, Ljubljana 1999, S. 647 – 661.

Mesojedec Pervinšek, Alenka: Med stroko in politiko. Dvojno Državljanstvo, in: Slovenska uprava, let. 2, št.1/2002, S. 14 – 17.

Mesojedec Pervinšek, Alenka: Državljanstvo Republike Slovenije, Pravica ali status?, in: Slovenska Uprava, let. 2, št. 4/2002, S. 11 – 14.

Miladinović Zalaznik, Mira (Hg.in), übersetzt von Klaus Detlev Olof u.a.: Begegnungen, Ljubljana 1995.

Milevska, Suzana: Die inszenierte (Un)Sichtbarkeit. (Übersetzung von Larissa Buchholz), http://eipcp.net/transversal/1202/milevska/de (17.11.2007).

Milhonić, Aldo (Hg.): Evropski Vratarji, Migracijiske in Azilne Politike v vzhodni Evropi, Ljubljana 2002.

Miles, Robert: Die Idee der „Rasse" und Theorien über Rassismus: Überlegungen zur britischen Diskussion, in: Bielefeld, Uli (Hg.): Das Eigene und das Fremde. Neuer Rassismus in der Alten Welt?, Hamburg 1991, S. 189 – 218.

Mlinar, Zdravko: Kdo danes še potrebuje državne meje?, in: Teoria in praksa, let. 31, št. 9 – 10/1994, S. 814 – 825.

Mønnesland, Svein: Das Land ohne Wiederkehr. Ex-Jugoslawien: Die Wurzeln des Krieges, Klagenfurt 1997.

Močnik, Rastko: "Izbrisani" v ideologiji vladajočih. Kako lahko iz ideologije vladajočih nastane vladajoča ideologija, in: Mladina, št. 04/2004, http://www.mladina.si/tednik/200404/clanek/slo-kolumna--rastko_mocnik/ (04.06.2006).

Močnik, Rastko: „Das Ergebnis der Unabhängigkeit ist allgemeine Provinzialisierung", in: Jungle World, Nr. 3/2008, http://jungle-world.com/artikel/2008/03/ (11.09.2008).

Müllerson, Rein: International law, rights and politics, developments in Eastern Europe and the CIS, Routledge 1996.

Nadig, Maya: Die Ritualisierung von Haß und Gewalt im Rassismus, in: Balke, Friedrich u.a. (Hg.Innen): Schwierige Fremdheit. Über Integration und Ausgrenzung in Einwanderungsländern, Frankfurt am Main 1993, S. 264 – 284.

Nagel, Stuart S. /Robb, Amy (eds.): Handbook of Global Social Policy, New York 2001.

Nećak, Dušan/Repe, Božo: Slowenien, Klagenfurt 2006.

Offe, Claus: Das Dilemma der Gleichzeitigkeit. Demokratisierung und Marktwirtschaft in Osteuropa, in: Merkur Jg. 45, 4/1991, S. 279 – 292.

Okuka, Miloš: Eine Sprache – viele Erben. Sprachpolitik als Nationalisierungsinstrument in Ex-Jugoslavien, Klagenfurt u.a. 1998.

Pan, Christoph: Die Minderheitenrechte in Slowenien, in: Ders./Pfeil, Beate S. (Hg.Innen): Minderheitenrechte in Europa. Handbuch der europäischen Volksgruppen Bd. 2, Wien/New York 2006, S. 503 – 519.

Pan, Christoph/Pfeil, Beate S. (Hg.Innen): Minderheitenrechte in Europa. Handbuch der europäischen Volksgruppen Bd. 2, Wien/New York 2006.

Pistotnik, Sara: Kronologija izbrisa. 1990 – 2007, in: Časopis za kritiko znanosti, domišljijo in novo antropologijo, let. 35, št. 228/2008, S. 204 – 237.

Pradetto, August: Die Rekonstruktion Ostmitteleuropas. Politik, Wirtschaft und Gesellschaft im Umbruch, Opladen 1994.

Radan, Peter: The Break-up of Yugoslavia and International Law, London/New York 2002.

Ramet, Sabrina P.: Nationalism and Federalism in Yugoslavia. 1962 – 1991, Bloomington/Indianapolis 1992.

Ramet, Sabrina P.: Thinking about Yugoslavia: Scholary Debates about the Yugoslav Breakup and the Wars in Bosnia and Kosovo, Cambridge u.a. 2005.

Ramet, Sabrina P.: The Three Yugoslavias. State-Building and Legitimation, 1918 – 2005, Bloomington 2006.

Reitz, Tilman: Die Politik der Menschenrechte. Étienne Balibar, in: Flügel, Oliver/Heil, Reinhard/Hetzel, Andreas (Hg.): Die Rückkehr des Politischen. Demokratietheorien heute, Darmstadt 2004, S. 113 – 128.

Reinold, Theresa: Dialogue de sourds? Über die (Un)Möglichkeit des interdisziplinären Dialogs zwischen Völkerrechtlern und Politikwissenschaftlern, Zeitschrift für Internationale Beziehungen, Jg. 13, Nr. 2/2006, S 275 – 287.

Reuter, Jens: Vom ordnungspolitischen zum Nationalitätenkonflikt zwischen Serbien und Slowenien, in: Südosteuropa Jg. 39, Nr. 10/1990, S. 571 – 586.

Reuter, Jens: Jugoslawiens Stellung in Europa, in: Südosteuropa Jg. 39, Nr. 6/1990, S. 350 – 367.

Robbins, John R.: Setting the Scene: Problems of Transition, in: Danica Fink-Hafner, Danica/John R. Robbins, (Hg.Innen): Making of a New Nation: The Formation of Slovenia, Aldershot 1997, S. 1 – 21.

Roggemann, Herwig: Vom jugoslawischen Verfassungskonflikt zum neuen Balkankrieg, in: Sundhaussen, Holm (Hg.): Südosteuropa zu Beginn der neunziger Jahre. Reformen, Krisen und Konflikte in den vormals sozialistischen Ländern, Berlin 1993, S. 107 – 144.

Rotar, Josip: Erased of Slovenia – European problem, http://transform.eipcp.net/correspondence/1168862569 (17.06.2009).

Rotar, Petra: Language issues in the Context of 'Slovenian Smallness', in: Farimah, Daftary/François, Grin (eds.): Nation-Building, Ethnicity and Language Politics in Transition Countries, Budapest 2003, S. 213 – 241.

Rucht, Dieter: Modernisierung und neue soziale Bewegungen. Deutschland, Frankreich und USA im Vergleich, Frankfurt am Main/New York, 1994.

Rudolf, Beate: Vermeidung von Staatenlosigkeit, in: Vereinte Nationen, 2/2000, http://www.dgvn.de/fileadmin/user_upload/PUBLIKATIONEN/Zeitschrift_VN/VN_2000/vn0200t.pdf (06.06.2007).

Sandschneider, Eberhard: Stabilität und Transformation politischer Systeme, Stand und Perspektiven politikwissenschaftlicher Transformationsforschung, Opladen 1995.

Sauer, Birgit: Transition zur Demokratie? Die Kategorie >Geschlecht< als Prüfstein für die Zuverlässigkeit von sozialwissenschaftlichen Transformationstheorien, in: Kreisky, Eva (Hg.in): Vom patriarchalen Staatssozialismus zur patriarchalen Demokratie, Wien 1996, S. 131 – 167.

Scherschel, Karin: Rassismus als flexible symbolische Ressource. Eine Studie über rassistische Argumentationsfiguren, Bielefeld 2006.

Schmied-Kowarzik, Robin: Die Europäische Union und ihre ethnischen Minderheiten. Eine Studie unter besonderer Berücksichtigung von Slowenien und Lettland, Berlin 2007.

Schwartz, Stephen: Beyond „Ancient Hatreds". What really happened to Yugoslavia, in: Policy review, no. 97, Oct. – Nov. 1999, http://www.hoover.org/publications/policyreview/3494821.html (10.02.2006).

Seroka, Jim/Pavlović, Vukašin (eds.): The Tragedy of Yugoslavia, Armonk (New York)/London 1992.

Sever, Jani: Interview mit Anton Giulio Lana, in: Mladina, št. 38/2006, http://www.mladina.si/tednik/200638/clanek/slo-intervju--jani_sever/ (01.12.2006).

Štefančič, Marcel: Zbrane misli velikega igralca, Kako so izbrisani postali del največje protislovenske zarote vseh časov, in: Mladina, št. 06/2007, http://www.mladina.si/tednik/200406/clanek/slo-tema--marcel_stefancic_jr/ (04.06.2006).

Sundhaussen, Holm (Hg.): Südosteuropa zu Beginn der neunziger Jahre. Reformen, Krisen und Konflikte in den vormals sozialistischen Ländern, Berlin 1993.

Sundhaussen, Holm: Experiment Jugoslawien: Von der Staatsgründung bis zum Staatszerfall, Mannheim u.a. 1993.

Stabej, Marko: Size isn't everything. The relation between Slovenian and Serbo-Croatian in Slovenia, in: The international Journal of the Sociology of Language, no. 1/2007, S. 13 – 30.

Strobl, Majda/Kristan, Ivan/Ribičič, Ciril: Ustavno pravo SFR Jugoslavije, Ljubljana 1986.

Štrajn, Darko: Once upon a time there were human rights, in: Drčar Murco, Mojca u.a.: Five Minutes of Democracy. The image of Slovenia after 2004, Ljubljana 2008, S. 107 – 121.

Teršek, Andraž: Ustavnopravna strnjenka problema izbrisanih, in: Pravna praksa, št. 49 – 50/2008, priloga, S. I – VIII.

Troebst, Stefan: Politische Entwicklung in der Neuzeit, in: Ders./Hatschikjan, Magarditsch (Hg.): Südosteuropa. Ein Handbuch. Gesellschaft – Politik – Wirtschaft – Kultur, München 1999, S. 73 – 102.

Todorova, Maria: Die Erfindung des Balkans. Europas bequemes Vorurteil, Darmstadt 1999.

Tonković, T.: Dnevnik karavane izbrisanih, in: Mladina št.49/2006, http://www.mladina.si/tednik/200649/clanek/slo--ljubljana_trst_trzic_pariz_bruselj-t__tonkovic/ (02.04.2009).

Vasović, Svetlana: Izgon v smrt, in: Časopis za kritiko znanosti, domišljijo in novo antropologijo, let. 35, št. 228/2008, S. 171 – 176.

Veres, Andreas: Slowenien – Ein Grenzland mit Vorbildfunktion, Baden-Baden 2008.

Vernik, Boštjan/Breznikar, Carmen: Vloga mednarodnega prava pri urejanju vprašanj državljanstva (poskus konceptualne predstavitve), in: 5. dnevi javnega prava, Portorož, 7. – 9. junij 1999, Ljubljana 1999, S. 663 – 682.

Vogelskamp, Dirk: Jenseits der Menschenrechte – Der europäische Kampf gegen die undokumentierte Migration, in: Komitee für Grundrechte und Demokratie. Jahrbuch 2007, Münster 2007, S. 107 – 130.

Wolf, Christa: Kassandra. Erzählung, Frankfurt am Main 1989.

Wolfstetter, Lothar: Der Riß durch Europa, der Krieg in Ex-Jugoslawien und wir, in: Bourdieu, Pierre u.a.: Rassismus und Nationalismus heute, übers. von Bertram, Helmut/Wolfstetter, Lothar (Hg.): Die Diskussion in Frankreich (Bd. 1), Frankfurt am Main 1994, S. 93 – 138.

Yuval-Davis, Nira: Geschlecht und Nation, Emmendingen 2001.

Žagar, Mitja: Nationality, Citizenship and Protection of ethnic Minorities: The Case of the Republic of Slovenia, in: Stern, Brigitte (ed.): Dissolution and Succession in Eastern Europe, Den Haag, 1998, S. 119 – 144.

Žagar, Mitja: Sorazmernost med interesi posameznika in države na področju državljanstva (Nekaj fragmentarnih tez za razpravo), in: 5. dnevi javnega prava, Portorož, 7. – 9. junij 1999, Ljubljana 1999, S. 683 – 696.

Zapf, Wolfgang: Modernisierungstheorien in der Transformationsforschung, in: Beyme, Klaus von/Offe, Claus (Hg.): Politische Theorien in der Ära der Transformation, Politische Vierteljahresschrift, Sonderheft 26/1995, Opladen 1996, S. 169 – 181.

Zavratnik Zimić, Simona: Perspektiva konstruiranja schengenske „e-meje": Slovenija, in: Aldo, Milhonić (Hg.): Evropski Vratarji, Migracijiske in Azilne Politike v vzhodni Evropi, Ljubljana 2002, S. 67 – 81.

Žerdin, Ali H.: Digitalno etnično čiščenje, in: Mladnina, št. 09/2003, http://www.mladina.si/tednik/200309/clanek/aksentijevic/ (04.06.2006).

Žerdin, Ali H.: 18 305 osebnosti leta, in: Mladina, št. 51/2003, http://www.mla dina.si/tednik/200351/clanek/slo-tema--ali_h_zerdin/ (04.06.2006).

Ziemske, Burkhardt u.a. (Hg.): Staatsphilosophie und Rechtspolitik. Festschrift für Martin Kriele, München 1997.

Zorn, Jelka: Politike izključevanja med nastajanjem slovenske državnosti, Ljubljana 2003.

Zorn, Jelka: Etnografija vsakdanjega življenja ljudi brez slovenskega državljanstva, doktorska disertacija, Ljubljana 2003.

Zorn, Jelka: The Politics of Exclusion during the Formation of the Slovenian State, in: Dedić, Jasminka/Jalušič, Vlasta/Zorn, Jelka: The erased. Organized innocence and the politics of exclusion, Ljubljana 2003, S. 93 – 152.

Zorn, Jelka: Ethnic Citizenship in the Slovenian State, in: Citizenship Studies, vol. 9, no. 2/2005, S. 135 – 152.

Zorn, Jelka: Oris slovenskega državljanstva – od ius sanguinis k evropskemu apardheidu, in: Poročilo Skupine za spremljanje nestrpnosti (št. 4), Ljublijana 2005, S. 146 – 167.

Zorn, Jelka: The Politics of Exclusion Citizenship, Human Rights and the Erased in Slovenia, http://www.hsd.hr/revija/pdf/1-2-2004/05-Zorn.pdf (04.04.2008).

Zorn, Jelka: „Mi, etno-državljani etno-demokracije". Nastajanje slovenskega državljanstva, in: Časopis za kritiko znanosti, domišljijo in novo antropologijo let. 35, št. 228/2008, S. 17 – 33.

Quellennachweise

Entscheidung des Verfassungsgerichtshofs der Republik Slowenien: U-I-284/94.

Entscheidung des Verfassungsgerichtshofs der Republik Slowenien: U-I-246/02.

Entscheidung des Verfassungsgerichtshofs der Republik Slowenien: U-II-1/10.

Report by Mr. Alvaro Gil-Robles, Commissioner for Human Rights, on his visit to Slovenia, 11 – 14 May 2003, CommDH(2003/11).

Zakon o državljanstvu Republike Slovenije (ZDRS), Uradni list RS, št.1/91-I.

Zakon o tujcih (Ztuj), Uradni list RS, št. 1-9/91-I.

Zakon o urejanju statusa državljanov drugih držav naslednic nekdanje SFRJ v Republiki Sloveniji (ZUSDDD): Uradni list RS, št. 61/1999.

Zakon o spremembah in dopolnitvah Zakona o urejanju statusa državljanov drugih držav naslednic nekdanje SFRJ v Republiki Sloveniji (ZUSDDD-B): Uradni list RS, št. 50/2010.

European Convention on Nationality http://conventions.coe.int/Treaty/en/Treaties/Html/166.htm (06.06.2007).

UN High Commissioner for Refugees (UNHCR): Staatsangehörigkeit und Staatenlosigkeit. Ein Handbuch für Parlamentarier, 20. Oktober 2005, S. 12f, http://www.unhcr.org/refworld/docid/4890503b2.html (15.06.2009).

Internetquellen

http://www.borderline-europe.de/ (01.07.2009).

http://www.dostje.org/Aktualno/23nov06.htm (13.01.2007).

http://www.delo.si/clanek/o212837 (02.10.2009).

http://www.delo.si/clanek/o118275 (06.05.06).

http://www.delo.si/clanek/o174621 (05.03.2007).

http://www.euractiv.de/erweiterung-und-partnerschaft/artikel/kroatien---ende-der-beitrittsblockade-002073 (02.10.2009).

http://www.europarl.europa.eu/meetdocs/2004_2009/documents/oj/666/666085/666085de.pdf (10.06.2008).

http://www.ihf-hr.org/documents/doc_summary.php?sec_id=3&d_id=3943 (14.09.2007).

http://www.izbrisan17let.si/ (27.08.2009).

http://www.izbrisani.org (11.02.2008).

http://www.izbrisani.org/Statut.htm (01.04.2008).

http://www.mirovni-institut.si/Search/All/en/ (14.04.2008).

http://www2.mirovni-institut.si/eng_html/news/public_statement_intervention.pdf (24.08.2009).

http://www.migration-info.de/mub_artikel.php?Id=070804 (03.07.2009).

http://www.mladina.si/tednik/200321/clanek/m-tvnet/ (12.04.2006).

http://www.mladina.si/dnevnik/23-04-2008-nova_peticija_v_podporo_izbrisanim/ (30.04.2008).

http://www.mladina.si/dnevnik/08-10-2009-seja_komisije_za_izbrisane/ (08.10.2009).

http://www.mnz.gov.si/nc/si/splosno/cns/novica/article/12027/6233/ (24.04.2009).

http://www.mnz.gov.si/nc/si/splosno/cns/novica/article/12027/6271/ (28.04.2009).

http://www.mnz.gov.si/fileadmin/mnz.gov.si/pageuploads/2009/izbrisani-koncni_podatki.pdf (26.08.2009).

http://www.reartikulacija.org/RE2/SLO/izbrisani2.html (16.06.2008).

http://www.siol.net/eu/novice/2008/07/rupel_predsedovanje_eu_je_bilo_dobro_pripravljeno.aspx (20.06.2009).

http://www.slovenija2001.gov.si/10years/path/documents/good-intent/ (01.06.2008).

http://www.stat.si/Popis2002/gradivo/si-92.pdf (20.12.2006).

http://www.visitljubljana.si/de/veranstaltungen/16599/detail.html (02.06.2009).

http://www.unhcr.org/refworld/docid/4890503b2.html (15.06.2009).

http://www.us-rs.si/o-sodiscu/pravna-podlaga/ustava/i-splosne-dolocbe/?lang=2 (12.04.2009).

http://trgovina.amnesty.si/clanek.php?id=1071&l=akcije (17.04.2008).

Abkürzungsverzeichnis

CIIA	Civilna iniciativa izbrisanih aktivistov
DEMOS	Demokratična opozicija Slovenije
DeSUS	Demokratična stranka upokojencev Slovenije
DIPS	Društva izbrisanih prebivalcev Slovenije
EG	Europäische Gemeinschaften
EU	Europäische Union
EGMR	Europäischer Gerichtshof für Menschenrechte
ECRI	European Commission against Racism and Intolerance
JLA	Jugoslovanska ljudska armada
LDS	Liberalna demokracija Slovenije
NGO	Non-Governmental Organization
NSK	Neue Slowenische Kunst
RTV	Radiotelevizija Slovenija
RS	Republika Slovenija
SD	Socialni demokrati
SDS	Slovenska demokratska stranka
SFRJ	Socialistična federativna republika Jugoslavija
SHS	Država Slovencev, Hrvatov in Srbov
SKJ	Savez komunista Jugoslavije
SLS	Slovenska ljudska stranka
SNS	Slovenska nacionalna stranka
TO	Teritorijalna obramba
UNHCR	United Nation High Commissioner for Refugees
UdSSR	Union der Sozialistischen Sowjet-Republiken
US	United States
Ztuj	Zakon o tujcih
ZDRS	Zakon o državljanstvu Republike Slovenije
ZUSDDD	Zakon o urejanju statusa državljanov drugih držav naslednic nekdanje SFRJ v Republiki Sloveniji
ZUSDDD-B	Zakon o spremembah in dopolnitvah Zakona o urejanju statusa državljanov drugih držav naslednic nekdanje SFRJ v Republiki Sloveniji

Abstract:

Das StaatsbürgerInnenschaftsgesetz der 1991 neu gegründeten Republik Slowenien sah ein Optionsrecht für BürgerInnen aus anderen Teilrepubliken der SFRJ vor. Als die „Ausgelöschten" werden die mehr als 25 000 Personen bezeichnet, die von diesem Optionsrecht nicht Gebrauch gemacht haben oder deren Antrag abgelehnt worden war. Sie wurden nach dem Ablauf einer gesetzlichen Frist ab 26. Februar 1992 wie „Fremde" behandelt und aus dem Einwohnerregister „gelöscht". Dies erfolgte ohne gesetzliche Grundlage und ohne Information der Betroffenen, die damit auch ihren legalen Aufenthaltsstatus und alle davon abgeleiteten sozialen Rechte verloren haben. Sie waren damit behördlicher Willkür und verschiedenen Formen von Diskriminierungen ausgeliefert und wurden in ihren Menschenrechten verletzt. 1999 hat der Verfassungsgerichtshof der RS erstmals die Verfassungswidrigkeit der „Auslöschung" festgestellt und dem Gesetzgeber eine Gesetzessanierung aufgetragen. Die rege Gesetzgebungstätigkeit zur Klärung der Situation der „Ausgelöschten" war über Jahre Gegenstand politischer Lagerkämpfe und rassistischer Diskurse, die sich vor allem gegen die als „kulturell Andere" stigmatisierten BürgerInnen aus den südlichen Teilrepubliken des früheren Jugoslawien richteten. Im Jahr 2002 haben sich einige der „Ausgelöschten" in einem Verein organisiert und begonnen, für die rückwirkende Legalisierung ihres permanenten Aufenthalts zu kämpfen und verweisen damit auch auf virulenten Fragen der Exklusion von Nicht-EU-BürgerInnen bei der Ausgestaltung einer europäischen BürgerInnenschaft. Ihr Erfolg zeigte sich auch daran, dass nach 18 Jahren eine gesetzliche Grundlage zur Erlangung eines legalen Aufenthalts für die bisher nicht geregelten Fälle beschlossen wurde.

The „erased" inhabitants of Slovenia represent a group of more than 25 000 persons, who were citizens of other republics of the former SFRY and had lived in Slovenia with equal rights. The citizenship Act of the newly founded Republic of Slovenia gave them the option to obtain Slovenian citizenship. From 26th February 1992 all those who had not applied for Slovenian citizenship, or who had had their application rejected, were deleted from the „population register". The „erasure" was invented without informing those affected and the erased found themselves without any legal protection; they lost all the social rights deriving from permanent residence and were the object of various forms of discrimination and Human Rights violations. In 1999 the Constitutional Court of the Republic of Slovenia ruled that the „erasure" was a violation of Constitutional Law and that the legislative body should amend the legislation. Finding a solution to the problem became a matter of political struggle, and racist discourse was used against „those from the south", who were stigmatized as "culturally different". In 2002, some of those affected decided to organize and start to fight for retroacitve legal recognition of their permanent residence. They also brought attention to the exclusion of non-EU migrants in general, and gave rise to the politically charged issue on European citizenship.

Politik und Demokratie
Reihe des Wiener Instituts für Politikwissenschaft

Herausgegeben von Helmut Kramer und Eva Kreisky

Band 1   Christiane Prorok: Ibrahim Rugovas Leadership. Eine Analyse der Politik des kosovarischen Präsidenten. 2004.

Band 2   Georg Bacher: Der Beitrag von Wahrheitskommissionen zur Friedenskonsolidierung und dauerhaften Versöhnung. Das Beispiel Südafrika. 2004.

Band 3   Gottfried Fritzl: Adolf Kozlik. Ein sozialistischer Ökonom, Emigrant und Rebell. Leben und Werk eines österreichischen Wissenschaftlers und Intellektuellen. 2004.

Band 4   Marion Knapp: Österreichische Kulturpolitik und das Bild der *Kulturnation*. Kontinuität und Diskontinuität in der Kulturpolitik des Bundes seit 1945. 2005.

Band 5   Georg Spitaler: *Authentischer* Sport – inszenierte Politik? Zum Verhältnis von Mediensport, Symbolischer Politik und Populismus in Österreich. 2005.

Band 6   Tamara Ehs: Helvetisches Europa – Europäische Schweiz. Der Beitrag der Schweiz an der europäischen Einigungsidee im Kontext schweizerischer Staats- und Nationswerdung. 2005.

Band 7   Philipp Kainz: Als Österreich isoliert war. Eine Untersuchung zum politischen Diskurs während der EU-14-Sanktionen. 2006.

Band 8   Simeón Renoldner: Regimebildung in der Landminenfrage und der Einfluss von Nichtregierungsorganisationen. Eine Untersuchung des Ottawa-Prozesses unter besonderer Berücksichtigung der Rolle Österreichs und Frankreichs. 2007.

Band 9   Angela Wieser: Ethnische Säuberungen und Völkermord. Die genozidale Absicht im Bosnienkrieg von 1992–1995. 2007.

Band 10   Silvia Nadjivan: Wohl geplante Spontaneität. Der Sturz des Milošević-Regimes als politisch inszenierte Massendemonstration in Serbien. 2008.

Band 11   Barbara Kraml: Gender Budgeting in Wien Meidling. Ein Weg zu mehr Geschlechtergerechtigkeit öffentlicher Haushalte? 2008.

Band 12   Katharina Ludwig: Citoyen Sans-Papiers. Irreguläre MigrantInnen als politische AkteurInnen in Frankreich. 2008.

Band 13   Sabine Lang: Die USA und der umfassende nukleare Teststopp-Vertrag. 2008.

Band 14   Nicole Kaspari: Gerhard Schröder – Political Leadership im Spannungsfeld zwischen Machtstreben und politischer Verantwortung. 2008.

Band 15   Cornelia Göls: Die politischen Parteien in der Ukraine. Eine Analyse ihrer Funktionsfähigkeit in Wahlen, Parlament, Regierung. 2008.

Band 16   Marcus Hölzl: Tibet – vom Imperium zur chinesischen Kolonie. Eine historische und gesellschaftstheoretische Analyse. 2009.

Band 17   Georg-Sebastian Holzer: Somaliland. Ein Beispiel für erfolgreiche Staatsbildung in Afrika. 2009.

Band 18   Vera Schwarz: Meine roten Großmütter. Politische Aktivität aus der KPÖ ausgetretener/ausgeschlossener Frauen. 2010.

Band 19   Christian Haddad: Zwischen Labor und Gesellschaft. Zur Biopolitik klinischer Forschung am Menschen. 2010.

Band 20 Georg Bacher: Nelson Mandela. Political Leadership im südafrikanischen Transformationsprozess. 2011.

Band 21 Angelika Zimmermann: Menschenrechtliche Aspekte von StaatsbürgerInnenschaft am Beispiel der „Ausgelöschten" in der Republik Slowenien. 2011.

www.peterlang.de